鄭婉兒——著

練習放手的勇氣

非凡出版

序：放開雙手，才能拿起幸福

《聖經》中有這樣一句話：人降臨世界的時候，手是合攏的，似乎在說：「世界是我的。」他離開世界時手是張開的，彷彿在說：「瞧哪，我什麼都沒有帶走。」是的，其實人生就是一連串取捨的過程，有取就有捨，有捨才有得。

生活中，大多人總希望有所得，以為擁有的東西越多，自己就會越快樂，所以就會沿著追尋獲得的路走下去。可是，有一天，忽然發覺，憂鬱，無奈，困惑，傷心，無聊，一切不快樂，都和自己的圖謀有著密切的聯繫，之所以不快樂，是因為渴望擁有的東西太多太多了，或者，太過於執著了，以致於不知不覺中，我們已經執迷於某個事物上了。

人生在世有太多的東西放不下，有了功名，就對功名放不下；有了金錢，就對金錢放不下；有了愛情，就對愛情放不下；有了事業，就對事業放不下……這些重擔和壓力，讓很多人感到生活很艱難。

生活中，也有很多人知道，懂得捨得，才能獲得！只是，人世間捨不得的情況，總往往多於捨得：因為家人的干預與阻擾，而使原本真心相愛的兩人無法結合，他們捨不得；因為利益的驅使與誘惑，而使原本已經犯錯的人無法回頭，他們捨不得；因為環境的遭遇與變遷，而使原本蒸蒸日上的事業陷入低谷，他們捨不得……

人生在世，有太多的放不下。如果我們都能夠放下，便不失為一條幸福解脫之道。我們對一切既要提得起，更要放得下。

人生的高度是一份知足的恬然，生命的高度，是能取能捨，當取則取，當捨則捨，善取善捨的那份安然。很多時候，人們嚮往去取得，並且認為多多益善。然而，「取」的前提必定是先「捨」，只有「捨」，才能「得」。

我們生活著的每一天都是偉大的。哪怕你今天失戀了，但是它磨礪了你的情感；哪怕你今天受挫了，但是它鍛鍊了你的心智。平平淡淡、瑣瑣碎碎甚至是毫無意義的小事會填滿你生活的時間和空間，以至於身心俱憊，心靈也變得疲鈍，沒有了靈性，那麼記得提醒自己去做出睿智的取捨吧！

生活中，我們的渴望總是太多。不滿足，就會痛苦，滿足了，就很開心，可是下一個渴望又接踵而至。其實，生活中也許並沒有解不開的深刻道理，痛苦源於思想的錯誤。如果某些夢想的肥皂泡被現實擊碎，不必在意，我們可以再吹一個，那個氣泡的幻彩已經閃耀過，就足夠了！無論我們多麼哀傷和懼怕，生命總會離我們而去。明白了這個道理，我們就能夠更加坦然地面對生活中大大小小的失去——不斷的失去本身就是生命成長的過程。只有學會了取捨的藝術，當面對生命消亡的那一天時，才不會後悔莫及。

痛苦失落的時候，痛哭、怨恨、迷茫都於事無補，只有自己想明白了才行。有些事既然不能放棄追求，就要承受為追求理想可能承擔的苦痛。

其實放下很容易承擔很難，抱怨很容易理解很難。人生短暫，我們學習豁達些、寬容些、懂得放下，不難為自己，也許就能活得輕鬆些。適時的放下會讓生活更美麗更快樂！

目錄 CONTENTS

序：放開雙手，才能拿起幸福

Part 1 人生都在取與捨中間徘徊

人生不過是一個選擇的過程。。。。。。。。。。。。。。。 020
想要有所得，必先有所捨。。。。。。。。。。。。。。。 023
失去與獲得，其實是個連體嬰。。。。。。。。。。。。。。 028
什麼都不放棄，人生將一敗塗地。。。。。。。。。。。。。 031
放棄，是種失去，更是種收穫。。。。。。。。。。。。。。 034

丟掉該丟棄的，讓自己輕鬆起來。。。。。。。。。。。。。。 037
生活不過一碗飯，決定不過一念間。。。。。。。。。。。。。 040
放棄，是一種清醒的選擇。。。。。。。。。。。。。。。。。 043

Part 2 把「捨不得」埋進墳墓裡

捨不得放下，是因為有太多的雜念。。。。。。。。。。。。。 048
無止境的貪婪，最終會徹底滅亡。。。。。。。。。。。。。。 052
慾望不要太高，否則什麼都得不到。。。。。。。。。。。。。 054
貪慾這種毒藥，誰喝了都無可救藥。。。。。。。。。。。。。 056
想得到越多，失去的往往就會越多。。。。。。。。。。。。。 059
身外之物，你最終還是帶不走的。。。。。。。。。。。。。。 061

目錄 CONTENTS

不要難以割捨，失去的就讓它失去 064

捨得放下，其實會更接近幸福 066

不計較得失，才能成就大事業 069

無須太執著，三千弱水也只飲一瓢 073

Part 3 把心打開，才能把手放開

有怎樣的內心，就有怎樣的生活能量 078

先放心再放手，是幸福的一種境界 081

打開心，社會就少一些冷漠 084

放開心，安排自己快樂的想法。。。。。。。。。。。。。。 087
放下心，追求完美會造成極度缺憾。。。。。。。。。。。。 090
放開胸懷，接受屬於自己的一切。。。。。。。。。。。。。 093
打開胸懷，讓寬容和忍讓常駐。。。。。。。。。。。。。。 096
放下吧！諒解曾經傷害過你的人。。。。。。。。。。。。。 100
無法釋懷，你將無法找回快樂。。。。。。。。。。。。。。 103

Part 4 豁達，能讓自己與幸福相遇

心態不同，生活也會隨之改變。。。。。。。。。。。。。。 108
豁達處事，能保持積極的動力。。。。。。。。。。。。。。 111

目錄 CONTENTS

不必去羨慕他人，只需做好自己。。。。。。。。。。。。。。 114
想得太遠，只會有無盡的煩惱。。。。。。。。。。。。。。。 118
讓他過去吧，事後的責備無濟於事。。。。。。。。。。。。。 121
無法挽回的事，就豁達的接受事實。。。。。。。。。。。。。 125
無論發生什麼，都沒什麼大不了的。。。。。。。。。。。。。 128
不要沒事找事，否則終會造成禍害。。。。。。。。。。。。。 132
豁達，讓人人都有寬容的度量。。。。。。。。。。。。。。。 135
心態豁達，不必凡事都要插一腳。。。。。。。。。。。。。。 137
豁達的人生，就要心存善良和感恩。。。。。。。。。。。。。 140

Part 5 放在心裡是憂鬱，抓在手裡是壓力

不要躺在憂慮的搖椅上。。。。。。。。。。。。。。。。144
嫉妒是滋養心靈的毒藥。。。。。。。。。。。。。。。。147
別讓誘惑綁架了我們的心。。。。。。。。。。。。。。。151
生活在完全獨立的今天裡。。。。。。。。。。。。。。。154
用簡單平息無休止的喧囂。。。。。。。。。。。。。。。158
禍福悲喜都是自己造成的。。。。。。。。。。。。。。。161
內心清淨，處處有淨土。。。。。。。。。。。。。。。。164
想開了，人生處處是天堂。。。。。。。。。。。。。。。167

目錄 CONTENTS

放棄，另一個生命歷程的開端。。。。。。。。。。。。。。170

Part 6 打開心田，喚醒生命的喜悅

不要把自己囚禁在眼前的苦痛中。。。。。。。。。。。。。。174
遵從你歡愉的本性生活。。。。。。。。。。。。。。。。177
釋放你的熱情，吸引快樂。。。。。。。。。。。。。。。180
遠離自私，開放快樂之門。。。。。。。。。。。。。。。183
愉悅的心情是最好的化妝品。。。。。。。。。。。。。。187

欣然接受生命的雕琢。。。。。。。。。。。。。。。。。190
放下負擔，才能找到快樂。。。。。。。。。。。。。。。193
對於某些人來說，淺薄也是一種快樂。。。。。。。。。。199
無論什麼情況，都可以活得很快樂。。。。。。。。。。。201

Part 7 忘記該忘的，放下該放的

分清什麼該記住什麼該忘卻。。。。。。。。。。。。。。206
忘記該忘的，就是一種幸福。。。。。。。。。。。。。。211
放下該放的，是一種寬容。。。。。。。。。。。。。。。214
別讓仇恨的種子「遺傳」。。。。。。。。。。。。。。。217
放下壞念頭，害人終害己。。。。。。。。。。。。。。。220

目錄 CONTENTS

惡念需要常止，善念需要覺悟。。。。。。。。。。。。。。。。。 223
緣分不強求，聚散都隨緣。。。。。。。。。。。。。。。。。。。 226
凡事往好的方面想，知足才能常樂。。。。。。。。。。。。。。。 228
肯放手，你就有機會選擇別的。。。。。。。。。。。。。。。。。 233
何必追求得不到的東西。。。。。。。。。。。。。。。。。。。。 236

Part 8 開心放手，享受「愛」的成果

真正的上帝是人們的愛心。。。。。。。。。。。。。。。。。。。。 242

有清白的良心，才能得以安然入睡。。。。。。。。。。。。。。246
愛心和同情心，是用來付出的。。。。。。。。。。。。。。。248
奉獻愛心，往往就可以美麗一生。。。。。。。。。。。。。。251
花點時間去行善，心靈會得到慰藉。。。。。。。。。。。。。254
告訴你要感謝的人，他對你是重要的。。。。。。。。。。。。258
愛心在哪裡開花，就會在哪裡結果。。。。。。。。。。。。。262
給別人一份愛，比接受一份愛更快樂。。。。。。。。。。。。265
無論在什麼時候，愛總是永恆不敗的。。。。。。。。。。。。268

Part 9 打開心、放開手，感受精采的生活

心生活，生活才會更為精緻。。。。。。。。。。。。。。。。274

目錄 CONTENTS

留心生活，人生才能有所感悟。。。。。。。。。。。。。。 278

生活有很多不如意，放的開才會有幸福。。。。。。。。。。 281

既然放不下，就要對它們負有責任。。。。。。。。。。。。 285

辛苦尋找的東西，往往就在我們身邊。。。。。。。。。。。 287

放下，才能找到屬於自己的天空。。。。。。。。。。。。。 289

留心生活細節，別讓生活留下遺憾。。。。。。。。。。。。 293

不為人所知的生活，才是真正的生活。。。。。。。。。。。 298

Part 1

人生都在
取與捨中間徘徊

人生不過是一個選擇的過程

從前，有位老媽媽生了兩個女兒。大女兒嫁給了一個賣傘的生意人，二女兒在染坊工作。這使這位母親天天憂愁。天晴了，她擔心大女兒的傘會賣不出去；天陰了，她又憂傷二女兒染坊裡的衣服晾不乾。她這樣晴天也憂愁陰天也憂愁，不多久就白了頭。

一天，一位遠方親友來看她，驚訝她的衰老，問其原由，不覺好笑，那親友說：「陰天你大女兒的傘好賣，你高興才是，晴天你二女兒染坊生意好也該高興才是。這樣你每天都有快樂的事，天天是好日，你幹嘛不撿高興專拾憂愁呢？」老媽媽一聽：「言之有理！」從此，她笑口常開，幸福每一天。

學會選擇，能夠讓我們跳出來看自己，這樣你就會發現生活是苦、累還是開心、舒坦，完全取決於我們的心境，取決於我們對生活的態度。人的一生，總免不了磕磕碰碰。每當這個時候，我們就要選擇好看事物的角度。

夏天的一個傍晚，有一美麗的少婦投河自盡，被正在河中划船的白鬍子艄公救起。艄公問：「你年輕輕，為何尋短見？」「我結婚才兩年，丈夫就遺棄了我，接著孩子又病死了。您說我活著還有什麼樂趣？」艄公聽了之後，問道：「兩年前，你是怎樣過日子的？」少婦說：「那時我自由自在，無憂無慮呀……」「那時你有丈夫和孩子嗎？」「沒有」「那麼你現在只不過是被命運之船送回到兩年前去。現在你又自由自在無憂無慮了。請上岸去吧……」聽完這些話，少婦如夢初醒。她揉了揉眼睛，便離岸走了。從此，她沒有再尋短見。

可見，在很多時候，我們所有的苦難與煩惱都是自己的選擇造成的。如果我們學會換個角度看問題，我們就不會為戰場失敗、商場失手、情場失意而頹唐。學會正確的選擇，是一種突破、一種解脫，從而使我們獲得自由自在的樂趣。

「選擇」的感悟

在人生的歷程中，我們有時會不知不覺地被帶到了選擇的十字路口。這時，人們在面臨某種選擇，人們往往因為某件事取捨兩難而患得患失。世界無限寬大，我們的選擇也多種多樣。換一種立場待人事，我們就會感到自己的世界依然是那樣美好。

想要有所得，必先有所捨

查理斯・羅勃茲是個猶太富翁，在他致富的過程中也曾有過一段痛苦的經歷。關鍵是，在失敗面前，查理斯・羅勃茲是怎樣做的呢？

查理斯・羅勃茲是一個投資顧問。查理斯・羅勃茲剛從德克薩斯州到紐約來的時候，身上只有兩萬美元。

查理斯・羅勃茲原以為他對股票市場懂得很多，可是查理斯・羅勃茲卻賠得一分也不剩。他說，若是他自己的錢，他可以不在乎，可是他覺得把朋友的錢都賠光了是件很糟糕的事。

於是，查理斯・羅勃茲很怕再見到他們。可沒想到，他們對這件事不僅看得很開，而且還樂觀到不可想像的地步。朋友的理解給了他莫大的鼓勵，使查理斯・羅勃茲放開了手腳。

於是，查理斯・羅勃茲開始仔細研究他所犯的錯誤，他下定決心要在再進股票市場之前先學會必要的知識。於是，查理斯・羅勃茲和一位最成功的預測專家波頓・卡瑟斯交上了朋友。

這位朋友多年來一直非常成功，而查理斯・羅勃茲知道，能有這樣一番事業的人，不可能只靠機遇和運氣，還要憑藉自己的實力。

波頓・卡瑟斯告訴查理斯・羅勃茲：在市場上所買的股票，都有一個到此為止的限度，不能再賠的最低標準。

例如，若是買五十元一股的股票，這位朋友會馬上規定不能再賠的最低標準是四十五元。也就是說，萬一股票跌價，跌到比買價低五元的時候，就立刻賣出去，這樣就可以把損失只限定在五元之內。這是一個股票交易中最重要的原則。

選擇，對於人生來講非常重要。可惜好多人在明白什麼是正確的選擇時，往往已經太遲了。

人生的路上，關鍵是要明白自己想要得到什麼？每個人都要結合自身素質和條件、興趣和特長，去選擇自己的人生目標，走出一條適合自己的人生之路。選擇了一條正確的道路，我們人生的旅途就可以少了許多的煩惱和遺憾。

法國人、美國人和猶太人要被關進監獄三年，監獄長說可以滿足他們每個人一個要求。美國人愛抽雪茄，於是他要了三箱雪茄。法國人天生浪漫，他便要了一個美麗的女子相伴。而猶太人說，他要一部與外界溝通的電話。就這樣，三個人被送進了監獄。

一晃三年過去了。第一個衝出來的是美國人。他嘴裡鼻孔裡都塞滿了雪茄，大聲喊道：「給我火，給我火！」原來他忘記了要火。接著跑出來的是法國人。只見他手裡抱著一個孩子，美麗女子手裡牽著一個孩子，而肚子裡還懷著第三個孩子。

最後出來的則是猶太人，他緊緊握住監獄長的手，說：「這三年來我每天保持與外界聯繫，我的生意不但沒有停頓，反而增長了二百倍，為了表示感謝，我送你一輛勞施萊斯！」原來在監獄的三年，猶太人仍然堅持在做他的生意。

這個故事看似荒誕，但是它卻告訴我們一個深刻的人生道理，即什麼樣的選擇決定什麼樣的生活。人生即選擇。走好人生路，關鍵在選擇。面對生活中的各種選擇，如事業與家庭，金錢與愛情，媚俗與持守……是前進還是後退、是堅持還是放棄、是得到還是失去……人們往往會矛盾，不知所措。因此學會選擇與放棄，往往需要一定的人生智慧。

「選擇」的感悟

在現實生活中，如果我們還有選擇的權利和機會的話，就要珍惜這種權利，緊緊抓住這個機會。我們每個人也都要清楚自己的承受能力，如果在我們承受能力之內的，我們要努力做到，但是在我們承受能力之外的，我們不要強求。如果過於追求達不到的東西，反而會失去現在已經擁有的美好的事物。

失去與獲得，其實是個連體嬰

一陣大風吹走了一個正坐在輪船甲板上看報紙的人的新帽子。新買的帽子被刮落到大海中。只見他用手摸了一下頭，看看正在飄落的帽子，又繼續看起報紙來。另一個人大惑不解：「先生，你的帽子被刮入大海了！」「知道了，謝謝！」他繼續讀報。「可那帽子值幾十美元呢！」「是的，我正在考慮怎樣省錢再買一頂呢！帽子丟了，我很心疼，可它還能回來嗎？」說完這番話，那人又繼續看起報紙來了。

失去的已經失去了，我們在難過、再傷心也無濟於事。那我們又何為必失去而耿耿於懷呢？在生活中，我們經常會失去很多東西，如果在我們失去之後，再失去了快樂的心情，那豈不是會失去的更多呢？

一位日本老先生，七十多歲。拿著一幅祖傳古畫上電視節目，要求寶物鑒定團的專家做鑒定。據說老先生去世的父親生前說這幅畫是名家所做，價值數百萬。老先生自己又不懂，因而想請專家加以鑒定。結果揭曉，專家認為它是贋品，連一萬日元都不值。全場唏噓……主持人問老先生：「您一定很難過吧？」老人的回答讓我們驚訝。日本老人微笑著說：「這樣也好，我不用擔心會有人來偷這幅古畫了，我也可以安心把它掛在客廳裡了。」

是啊，有時候失去了反而能夠讓我們得到輕鬆。

世上的事情難以預料。我們誰也不想讓倒楣和不幸的事發生在自己身上，但如果發生了，你應該怎樣去面對呢？

小剛的錢包被人偷走了，他很是心煩，因為不僅僅是錢不見了，錢包裡的身份證也丟了。這讓他愁眉不展，辦身份證還要重新補辦，很麻煩的。不過，這樣的煩惱並沒有持續很久，一位朋友的話讓他頓悟，心情也隨之好轉。朋友對小剛說：「錢包已經不見了，你再怎麼想，它也不可能重新出現在你的面前。錢丟了事小，如果好心情沒了，影響你的情緒，讓你不安，這會影響你的食慾，影響你的健康，就太不值得了。身份證辦起來是很麻煩，卻讓你請一天假休息不上班，這也是一件挺好的事情呀！」朋友的一番話使小剛心情豁然開朗起來。如果換一個角度來思考問題，或許失去也不是一件壞事。

「選擇」的感悟

人生總是在不斷地失去和擁有。擁有快樂，失去煩惱；撿到幸福，丟掉悲傷；不管將來你要怎麼選擇，最重要的是能夠開心地面對。

什麼都不放棄，人生將一敗塗地

父親告訴孩子某個很有發展潛力的知名跨國公司正在招聘網路程式師，而且錄用後薪水非常豐厚。孩子知道後，當然很想去應聘。可是他在職校的培訓已接近尾聲，這要真的給聘用了，一年的培訓就夭折了，他連張結業證書也拿不上，這人孩子非常猶豫。父親笑了，說要和孩子做個遊戲。他把剛買的兩個大西瓜一一放在孩子面前，讓他先抱起一個，然後要他再抱起另一個。孩子瞪圓了眼，一籌莫展。抱一個已經很沉的了，兩個是沒法抱住的。

「那你怎麼把第二個抱住呢？」父親追問。

孩子被父親的問題問住了。想了半天，還是想不出招來。父親歎了口氣，說：「你不能把手上的那個放下來嗎？」孩子這才醒悟過來，放下一個，不就能抱上另一個了嗎？於是父親提醒孩子：這兩個總得放棄一個，才能獲得另一個，就看你自己怎麼選擇了。孩子頓悟，放棄了培訓，選擇了應聘。最後，他終於如願以償地成了那家跨國公司的職員。

從上面的故事可以看出，我們的人生總要面臨著各種選擇，但是在選擇的同時也就意味著我們要懂得捨棄一些東西。人的精力是有限的，我們不應該奢求擁有所有想要的東西，只要擁有最重要的那一部份就夠了，因此我們要學會智慧的捨棄。

蘇格拉底的理論——「如何尋找最大麥穗論」就是教我們如何在人生中做出選擇。在一塊麥田裡先走上三分之一的路，觀察麥穗的長勢、大小、分佈規律，在隨後三分之一的田地裡選定一個相對最大的，然後從容走完剩下的三分之一，即使在這三分之一裡面還有更大的麥穗，也不必太在意。蘇格拉底認為按照這個規律來尋找麥穗，即使在最後發現有更大的麥穗，也不至於使我們太過遺憾。因為這樣的選擇比一上來就匆匆選定，或者行程快結束了才胡亂抓一個都更具科學性。

「選擇」的感悟

著名的哲學家安東尼說過這樣一句話：「首先到達終點的人往往不是跑得最快的人，而是那些集智慧和力量於一身的、會做出明智選擇的人。」如果懂得智慧的捨棄，而且自己又具有堅實的信念，那麼，這個人終究會取得最後的勝利。但是，如果我們什麼都想要，任何東西都不想放棄，那樣他終將一敗塗地。

放棄，是種失去，更是種收穫

一個小男孩在玩耍的時候，把手伸進了家裡面的大花瓶裡面，像是要找什麼東西。糟糕的是，當他想把手收回來的時候，卻怎麼也拔不出來。男孩的父親發現後，幫著他一起嘗試幾次，也均告失敗。男孩的父親想把瓶子打碎，好讓兒子擺脫困境。可是，花瓶太名貴了，父親一時還是難以下定決心。

最後，男孩的父親決定再試最後一次，實在不行就只能砸掉瓶子了，他鼓勵孩子道。「孩子，你把手伸直，把手指併攏在一起，再往外拔。就像我這樣。」父親邊說邊給兒子作示範。小孩隨後的回答讓他大吃一驚：「爸爸，我不能那樣做，如果我把手鬆開了，我手裡的硬幣就會掉下來，那可是一美分呀！」這讓男孩的父親簡直哭笑不得，原來兒子的手拔不出來的真正原因只是因為捨不得放手。

聽完這個故事你也許會對這個故事裡小男孩的天真報以微笑。一枚面值小的可憐的硬幣差點毀了一個名貴的花瓶。其實我們中的很多人何嘗不是如此呢？往往我們會守著一些毫無價值的東西，捨不得放棄，結果另外一些更有價值的東西卻被我們忽略或者放棄。

泰戈爾的詩裡寫道：「當鳥翼繫上了黃金時，就飛不遠了。」智者曰：「兩弊相衡取其輕，兩利相權取其重。」在明智的選擇中，聰明的放棄也佔有較重的比例。放棄是生活中時時要面對的清醒選擇，學會放棄才能卸下人生的種種包袱，輕裝上陣，安然地等待生活的轉機，渡過風風雨雨。懂得放棄，才能擁有一份成熟，才會活得更加充實，坦然和輕鬆。在生活中的絕大多數時候，我們不能兼得魚和熊掌，也就是說，我們要學會選擇，學會放棄，就是審時度勢，揚長避短，把握時機。明智的選擇勝過盲目的執著，選擇是量力而行的睿智和遠見。

森林裡，一隻倒楣的狐狸被獵人佈下的套子夾住了一隻爪子，牠毫無遲疑地咬斷了那隻腳，然後逃命。放棄一隻腳而保全一條性命，這是狐狸的哲學。人生亦是如此，當生活強迫我們必須付出慘痛的代價前，主動放棄局部的利益而謀求整體的利益是最明智的選擇。

「選擇」的感悟

很多時候人必須學會放棄。「有所為必有所不為，有所得必有所失。」也許，我們更多時候，執著於有所為有所得，只看到選擇放棄時的失落和痛苦，而忘記了如果我們不放棄魚，就會面臨失去熊掌的痛苦。

丟掉該丟棄的，讓自己輕鬆起來

湯姆是一個藝人。兩年前，他踏進了演藝圈。演藝事業一直一帆風順。有很多人上門找他拍戲，一時間，他的演藝前途頗被看好。但是，湯姆似乎並不開心，在演藝界，他好像並不能最好地展現自己。兩年之後，他毅然離開了演藝界。但是，湯姆發現：演藝事業其實並不適合自己，他一心想找出未來發展的方向。

於是，天黑之後，湯姆常常一個人跑到海邊釣魚、發呆。有一天，他獨坐海邊，遠遠地望著對岸市區內的燈火，心裡突然有一股聲音出現：「我這是在幹什麼，難道一輩子老死在這裡，無所事事？不如去開餐廳吧！」湯姆立即在腦海中搜索，從小到大自己最喜歡的是什麼？「吃」是湯姆認為最有意義的事情。他一向是家裡的烹調高手，沒事時可以一整天待在廚房裡研發。「我為什麼不好好發揮自己的這項專長呢？」湯姆緊鑼密鼓地展開他的創業大計。一面找人籌募資金，一面到大學選讀會計、行銷課程。不久，他的概念式泰國餐廳開張了，湯姆負責的職務從洗碗、配菜、打雜到掌廚，幾乎全套包辦，一旦忙起來，每天工作十幾個小時，下班回家還抱著食譜繼續研究，非弄到三更半深才甘休。在他來看，做菜不僅是一門藝術，要想取得成功，就要放入各種元素，不停地試驗，樂趣實在太大了。他已經打算把吃當成一輩子的事業，這也是他一生中最愛的事業。

從上面的例子可以看出，生活就是這樣，我們隨時要懂得放棄。只有放棄了舊我，才能找到真正的自我。

「選擇」的感悟

在人生路上，每個人不都是在不斷地累積東西？這些東西包括你的名譽、地位、財寶、親情、人際關係、健康等，當然也包括了煩惱、苦悶、挫折、沮喪、壓力等。這些東西，有的早該丟棄而未丟棄，有的則是早該儲存而未儲存。

生活不過一碗飯，決定不過一念間

兩個不如意的年輕人，一起去拜望師父：「師父，我們在辦公室被欺負，太痛苦了，求你開示，我們是不是該辭掉工作？」兩個人一起問。

師父閉著眼睛，隔半天，吐出五個字：「不過一碗飯。」就揮揮手，示意年輕人退下了。

回到公司後，一個人就立即遞上辭呈，回家種田，另一個什麼也沒動。

日子真快，轉眼十年過去了。回家種田的以現代方式經營，加上品種改良，居然成了農業專家。

另一個留在公司的，也不差。他忍著氣，努力學，漸漸受到器重，成了經理。

有一天兩個人相遇了。

「奇怪，師父給我們同樣『不過一碗飯』這五個字，我一聽就懂了。不過一碗飯嘛，日子有什麼難過？何必硬靠在公司？所以辭職。」農業專家問另一個人：「你當時為何沒聽師父的話呢？」

「我聽了啊！」那經理笑道：「師父說『不過一碗飯』，多受氣，多受累，我只要想不過為了混碗飯吃，老闆說什麼是什麼，少賭氣，少計較，就成了，師父不是這個意思嗎？」

兩個人又去拜望師父，師父已經很老了，仍然閉著眼睛，隔半天，答了五個字：「不過一念間。」然後揮揮手……。

「選擇」的感悟

其實好多的事情就決定於自己的一念之間，不論你做出什麼樣的決定，都會有不同的機會等著你。生活的道理其實很簡單，簡單中孕育著輝煌，平凡中誕生著偉大。只要你保持一顆平常心，並不斷努力去做，就一定會擁有一片自己的天空。

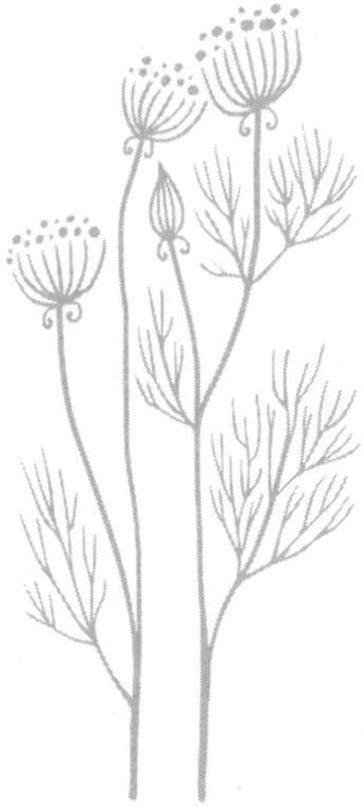

放棄，是一種清醒的選擇

一匹毛驢幸運地得到了兩堆草料，然而猶豫卻毀了這可憐的傢伙，牠站在兩堆草料中間，一會兒看看左邊的草料，一會兒看看右邊的草料，猶豫著不知先吃哪一堆才好，就這樣，守著近在嘴邊的食物，這匹毛驢卻活活餓死了。

其實，無論在生活還是工作中，很多人在放棄一些看來還不錯的事情時，往往是表現出猶豫不決的態度，這正如面對雞肋，食之無味，棄之可惜。但如果你不能果斷放棄，你就不會得到更好的選擇，更不會得到什麼好的結果。

約翰失戀了。但他深愛著那個姑娘，所以他非常痛苦。他去找好友吉格斯傾訴內心的憂傷。吉格斯卻向他恭喜。

約翰一愣，問為什麼。

吉格斯說：「我恭喜你及時放下了不屬於你的東西。一份感情執意要走的話，你是無論如何也留不住的，你也沒有必要留。」

約翰終於從痛苦中走出來。後來他遇上了自己的白雪公主，兩個人互相愛慕，享受到了真正的愛情。

這次約翰找到吉格斯，向吉格斯致謝。

約翰說：「如果當初不是及早放下了過去，就不會及時踏上另一列快車，一列美麗的列車。」

實際上，我們往往同時遇到多種選擇，在選擇什麼的時候，其實也在放棄著什麼。由於所放棄的，在當時還處於一種較好的狀況，我們就會更難放棄，但為了更好地得到，去獲得更大的成功，就必須放棄。但這種放棄不是隨意的，更不是三心二意的。

比如說，一會兒看到影視演員容易出名，就去學表演，一會兒看開辦公司能發財，就去開辦公司；一會兒看從政升官快，又熱衷於參加政治活動。我們應該充分評估自己的才能，認清自己最適宜做什麼，做什麼事最能實現自己的人生價值，然後做出正確的選擇。只有這樣，再加上自己的不斷努力，才會最終取得成功。

一旦決定放棄，就要果斷放棄，萬萬不可猶豫不決。否則，就會延誤你選擇的時機，把大好的機會白白浪費掉。

威廉・惠德說得好：「如果一個人面對著兩件事情猶豫不決，不知該先去做哪一件事情好，那麼他最終將一事無成。他非但不會有什麼進步，反而會後退。

惟有那些具有如凱撒一般的特性——先聰明地斟酌，再果斷地決定，然後堅定不移地去行動的人，才能在任何事業上，都做出卓越的成績來。」

「選擇」的感悟

千萬不要把放棄看成一件簡單，甚至無關緊要的事，有時放棄比選擇更難。只有懂得放棄、敢於放棄、果斷放棄，才會把握住機會，獲得更大的成功。

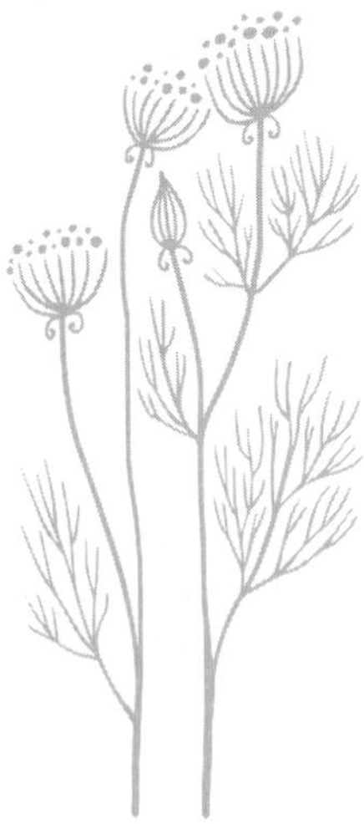

Part 2

把「捨不得」埋進墳墓裡

捨不得放下，是因為有太多的雜念

有一天，坦山和尚準備拜訪一位他仰慕已久的高僧，高僧是幾百里外一座寺廟的住持。早上，天空陰沈沈的，遠處還不時傳來陣陣雷聲。

跟隨坦山一同出門的小和尚猶豫了，輕聲說：「快下大雨了，還是等雨停後再走吧！」

坦山連頭都不抬，拿著傘就跨出了門，邊走邊說：「出家人怕什麼風雨。」

小和尚沒有辦法，只好緊隨其後。兩人才走了半里山路，瓢潑大雨便傾盆而下。雨越下越大，風越刮越猛，坦山和小和尚合撐著傘，頂風冒雨，相互攙扶著，深一腳淺一腳艱難地行進著，半天也沒遇上一個人。

前面的道路越走越泥濘，幾次小和尚都差點滑倒，幸虧坦山及時拉住他。走著走著，小和尚突然站住了，兩眼愣愣地看著前方，好像被人施了定身法似的。

坦山順著他的目光望去，只見不遠處的路邊站著一位年輕的姑娘。在這樣大雨滂沱的荒郊野外出現一位妙齡秀女，難怪小和尚吃驚發呆。

這真是位難得一見的美女，圓圓的瓜子臉上兩道彎彎的黛眉，長著一對晶瑩閃亮的大眼睛，挺直的鼻樑下是一張鮮紅欲滴的櫻桃小口，一頭秀髮好似瀑布披在腰間。然而她此刻秀眉微蹙，面有難色。原來她穿著一身嶄新綢的布衣裙，腳下卻是一片泥潭，她生怕跨過去弄髒了衣服，正在那裡犯愁。

坦山大步走上前去：「姑娘，我來幫你。」說完，他伸出雙臂，將姑娘抱過了那片泥潭。

以後一路行來，小和尚一直悶悶不樂地跟在坦山身後走著，一句話也不說，也不要他攙扶了。

傍晚時分，雨終於停了，天邊露出了一抹淡淡的晚霞，坦山和小和尚找到一個小客棧投宿。

直到吃完飯，坦山洗腳準備上床休息時，小和尚終於忍不住開口說話了：「我們出家人應當不殺生、不偷竊、不淫邪、不妄語、不飲酒，尤其是不能接近年輕貌美的女子，您怎麼可以抱著她呢？」

「誰？那個女子？」坦山愣了愣，然後微笑了，「噢！原來你是說我們路上遇到的女子。我可是早就把她放下了，難道你還一直抱著她嗎？看來你還沒有放下，所以你心中還有太多的雜念。」

小和尚頓悟。

「捨不得」的感悟

有些事之所以放不下，是因為心中有太多的雜念。想要驅除雜念，就要在心中保持一片清澈，讓雜念沒有滋生之處。只有這樣，才能達到一種「放下」的境界。

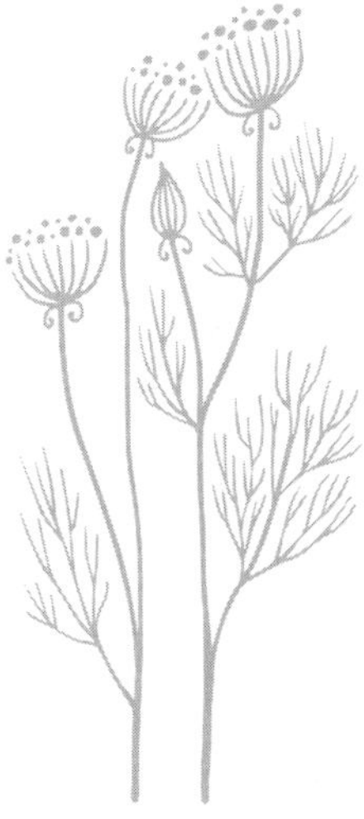

無止境的貪婪，最終會徹底滅亡

有人說：沙漠的中心有寶藏。他想得到寶藏，就裝備整齊地進了沙漠。可是寶藏沒找到，所帶的食物和水卻吃完了喝盡了。他再也沒有力氣站起來……。他一個人孤單地躺在沙漠裡，靜靜地等待著死亡的降臨。他想，哪怕只有一點食物能幫助他走出沙漠也好。夜晚，他感覺自己快要死了，就做了最後的祈禱：「神啊，請給我一些幫助吧！」

神真的出現了，問他需要什麼。他急忙回答說：「食物和水，哪怕是很少的一份也行。」神送給他一些麵包和牛奶，就消失了。於是，情況發生了很大的變化。他精神百倍地站在那兒，他不斷地責怪自己：為什麼不向神多要一點東西？他帶上剩下的食物，繼續向沙漠深處走去。這一次他找到了寶藏，就在他準備把寶藏盡可能多一些地帶回去時，卻發現食物所剩無幾了。為了減少體力消耗，他不得不空手往回走。

但是最後，他的食物和水沒有了，他還是躺倒在那兒。死亡之前，神又出現了，問他需要什麼。他喃喃地答道：「食物和水……請給我更多的食物和水……」。神搖了搖頭，歎息到：「你本來是可以平安地回去的，但你沒有往回走……」。

「捨不得」的感悟

常言道：知足常樂。然而，生活中有些人卻永遠也不懂得知足，他們總是在滿足了一個慾望的同時，又想得到更多，擁有更多，慾望也就會繼續地膨脹。這永無止境的貪婪，最終會徹底毀滅一個人。

慾望不要太高，否則什麼都得不到

一個沿街流浪的乞丐每天總在想，假如我手頭要有兩萬元錢就好了。

一天，這個乞丐無意中發覺了一隻跑丟的小狗，乞丐發現四周沒人，便把狗抱回了他住的窯洞裡，拴了起來。

這隻狗的主人是本市有名的大富翁。這位富翁丟狗後十分著急，因為這是一隻純正的進口名犬。於是，就在當地電視台發了一則尋狗啟事：如有拾到者請速還，付酬金兩萬元。

第二天，乞丐沿街行乞時，看到這則啟事，便迫不及待地抱著小狗準備去領那兩萬元酬金，可當他匆匆忙忙抱著狗又路過貼啟示處時，發現啟事上的酬金已變成了三萬元。原來，大富翁尋狗不著，又電話通知電視台把酬金提高到了三萬元。

乞丐似乎不相信自己的眼睛，向前走的腳步突然間停了下來，想了想又轉身將狗抱回了窯洞，重新拴了起來。第三天，酬金果然又漲了，第四天又漲了，直到第七天，酬金漲到了讓市民都感到驚訝時，乞丐這才跑回窯洞去抱狗。可想不到的是那隻可愛的小狗已被餓死了，乞丐還是乞丐。

「捨不得」的感悟

其實人生在世，好多美好的東西並不是我們無緣得到，而是我們的期望太高，往往在剛要接近一個目標時，又會突然轉向另一個更高的目標。不要有太高的慾望，否則什麼都得不到。

人要控制自己的慾望，見好就收是明智之舉。

貪慾這種毒藥，誰喝了都無可救藥

一天傍晚，兩個非常要好的朋友在林中散步。這時，有位僧人從林中驚慌失措地跑了出來，兩人見狀，便拉住那個僧人問道：「你為什麼如此驚慌，到底發生了什麼事情？」

僧人忐忑不安地說：「我正在移植一棵小樹，卻忽然發現了一罎子黃金。」

兩個人感到好笑說：「這僧人真蠢，挖出了黃金還被嚇得魂不附體，真是太好笑了。」然後，他們問道：「你是在哪裡發現的，告訴我們吧，我們不害怕。」

僧人說：「還是不要去了，這東西會吃人的。」

兩個人異口同聲地說：「我們不怕，你就告訴我們黃金在哪裡。」

僧人告訴了他們具體的地點，兩個人跑進樹林，果然在那個地方找到了黃金。好大的一罎子黃金！

其中一個人說：「我們要是現在把黃金運回去，不太安全，還是等天黑再往回運。這樣，現在我留在這裡看著，你先回去拿點飯菜來，我們在這裡吃完飯，等半夜時再把黃金運回去。」

於是，另一個人就回去取飯菜去了。

留下的人心想：「要是這些黃金都歸我，那該多好呀！等他回來，我就一棒子把他打死，那麼，這些黃金不就都歸我了嗎？」

回去的那個人也在想：「我回去先吃飽飯，然後在他的飯裡下些毒藥。他一死，黃金不就都歸我了嗎？」

回去的人提著飯菜剛到樹林裡，就被另一個人從背後用木棒狠狠地打了一下，當場斃命了。

然後，那個人拿起飯菜，狼吞虎嚥地吃了起來。沒過多久，他的肚子裡就像火燒一樣的疼，這才知道自己中毒了。臨死前，他想起了僧人的話：「僧人的話真是應驗了，我當初怎麼就沒有明白呢？」

「捨不得」的感悟

貪慾會把人帶向罪惡的深淵，讓人失去理智。它可以使人相互摧殘，相互欺詐，甚至使最好的朋友反目成仇。因此，在生活中，我們一定要克制自己的慾望，切記，「貪」字頭上一把刀，一旦入「貪」，就會被其毒害。

想得到越多，失去的往往就會越多

從前，有一個人很窮，窮得連床也買不起，家徒四壁，只有一張長凳，他每天晚上就在長凳上睡覺。但這個人很吝嗇，他也知道自己的這個毛病，可就是改不了。

他向佛祖祈禱：「如果我發財了，我絕對不會像現在這樣吝嗇。」

佛祖看他可憐，就給了他一個裝錢的口袋說：「這個袋子裡有一個金幣，當你把它拿出來以後，裡面又會有一個金幣，但是當你想花錢的時候，只有把這個錢袋扔掉才能花錢。」

那個窮人欣喜若狂，他不斷地往外拿金幣，整整一個晚上沒有合眼，地上到處都是金幣。這一輩子就是什麼也不做，這些錢已經足夠他花的了。

每次當他決心扔掉那個錢袋的時候，都捨不得。於是他就不吃不喝地一直往外拿著金幣，屋子裡裝滿了金幣。可是他還是對自己說：「我不能把袋子扔了，錢還在源源不斷地出，還是讓錢更多一些的時候，再把袋子扔掉吧！」

到了最後，他虛弱得沒有把錢從口袋裡拿出來的力氣了，但他還是不肯把袋子扔掉，終於死在了錢袋旁邊，屋子裡裝的都是金幣。

「捨不得」的感悟

無論做什麼事，都要適可而止，適可而止是一種明智之舉；同時決不可貪得無厭，因為想得到越多的東西，失去的往往就會越多，甚至包括生命。

身外之物，你最終還是帶不走的

從前，有一位國王，名叫難陀。這國王拚命聚斂財寶，希望把財寶帶到他的後世去。他心裡想：「我要把一國的珍寶都收集到我這兒來，不能讓外面有一點剩餘。」

因為國王貪戀財寶，所以他規定：誰想結交他的女兒，就要帶著財寶當見面禮。他吩咐在身邊侍候她的人說：「要是有人帶著財寶來結交的女兒，把這個人連同他帶的財寶一起送到我這兒來！」他用這樣的辦法聚斂財寶，全國沒有一個地方還有金錢寶物，所有的金錢寶物都進了國王的倉庫。

那時有一個寡婦，只有一個兒子，她對他極為疼愛。這個兒子看見國王的女兒姿色美麗，容貌非凡，非常喜歡。但是他家裡沒有錢財，沒法結交國王的女兒。為了這事，他生起病來，身體瘦弱，氣息奄奄。他母親問他：「你得了什麼病，怎會病成這個模樣？」

兒子把事情告訴了母親說：「我要是不能和國王的女兒交往，必死無疑。」母親對兒子說：「可是國內金錢寶物，一無所剩，到哪裡去弄到寶物呢？」母親又想了一會說：「你父親死的時候，口裡含有一枚金錢。你要是把墳墓挖開，可以得到那枚錢，自己用那錢去結交國王的女兒。」

兒子照著母親的話，就去挖開父親的墳，從口裡取出那枚金錢。他拿到了錢，來到國王女兒那兒。這時國王的女兒便把他連同那枚金錢送去見國王。國王見了說：「國內所有的金錢寶物，除了我的倉庫中，都蕩然無存。你在哪裡弄到這枚金錢？你今天一定是發現了地下的窖藏了吧！」

國王用了種種刑法，拷打這寡婦的兒子，要問清楚他得到錢的地方。寡婦的兒子回答國王說：「我真的不是從地下的窖藏中得到這枚金錢的。我母親告訴我，先父死的時候，口中含著一枚錢。我挖開墳墓，由此得到的這枚錢。」

國王派了個親信去檢查真假。這親信果然看見了此人父親口中放錢的地方，這才相信了。國王聽了親信的報告，心裡暗自想道：「我先前聚集一切寶物，想的是把這些財寶帶到後世。可是那個死人父親，一枚錢尚且帶不走，何況我這樣多的財寶呢？看來錢財只不過是身外之物而已。」

「捨不得」的感悟

雖說沒有錢財不行，但千萬不要把錢財看得太重，更不要刻意去追求。因為，錢財只不過是身外之物而已，生帶不來死也帶不去。

不要難以割捨，失去的就讓它失去

金代禪師非常喜愛蘭花，在寺旁的庭院裡栽植數百盆各色品種的蘭花，講經說法之餘，總是全心的照料，大家都說，蘭花好像是金代禪師的生命。

一天，金代禪師因事外出。有一個弟子接受師父的指示，為蘭花澆水，但不小心，將蘭架絆倒，整架的盆蘭都給打翻了。

弟子心想：師父回來，看到心愛的盆蘭這番景象，不知要憤怒到什麼程度？於是就和其他的師兄弟商量，等禪師回來後，勇於認錯，且甘願接受任何處罰。

金代禪師回來後，看到這件事，一點也不生氣，反而心平氣和的安慰弟子道：「我之所以喜愛蘭花，為的是要用香花供佛，並且也為了美化禪院環境，並不是想生氣才種的啊！凡是世界的一切都是無常的，不要執著於心愛的事物而難割捨，因那不是禪者的行徑！」

金代禪師的「不是為生氣而才種花」禪功，深深地感染了弟子。弟子放下了一顆忐忑的心，更精進於修持。

「捨不得」的感悟

世間的事物變化無常，我們不必執著於心愛的事物而難以割捨。畢竟，我們喜愛一種事物的初衷，並不是因為失去它時要傷心。人生中的很多東西既已經失去，不妨就讓它失去。

捨得放下，其實會更接近幸福

郭木有一個做醫生的朋友，幾年前到一個賓館去開會，一眼瞥見領班小姐，貌若天仙，便向前搭訕。小姐莞爾一笑，用一種很不經意的口氣說：「先生，沒看見你開車來哦。」這位朋友當即如雷轟頂，大受刺激，從此立志加入有車族。

後來他們在一起吃飯，幾杯酒下肚之後，這位朋友告訴郭木，準備把開了一年的小麵包車賣掉，換一部新款的「進口車」。然後又問郭木買車了沒有？郭木老老實實地回答，還沒有，而且在看得見的將來也沒有這種可能性。他同情地看著郭木：「唉！一個男人，這一輩子如果沒有開過車，那實在是太不幸了。」

這頓飯讓郭木吃得很惶惑。因為按他目前的收入水平，買部「進口車」，他得不吃不喝地攢上好幾年。更糟糕的是，他有一天終於買上了汽車，也許在他還沒有來得及品味「幸福」滋味的時，一個有私人飛機的傢伙就會同情地對他說：「一個男人沒開過飛機太不幸了！」

那他這輩子還有救嗎？

這個問題讓郭木坐立不安了很長時間。如何挽救自己，免於墮入「不幸」的深淵，讓他甚是苦惱，直到有一天，他無意中看到了慈濟醫院的證嚴法師在一次講法時說的一段話：有菜籃子可提的女人最幸福。因為幸福其實滲透在我們生活中點點滴滴的細微之處，人生的真味存在於諸如提籃買菜這樣平平淡淡的經歷之中。我們時時刻刻擁有著它們，卻無視它們的存在。

郭木恍然大悟。原來他的這位醫生朋友在用一個邏輯陷阱蓄意誤導他：沒有汽車是不幸的；你沒有汽車，所以你是不幸的。但這個大前提本身就是錯誤的，因為「汽車」與「幸福」並無必然的聯繫。

在一個成功人士雲集的聚會上，郭木激動地表達了自己內心深處對幸福生活的理解：「不生病，不缺錢，做自己愛做的事。」

會場上爆發了雷鳴般的掌聲。

「捨不得」的感悟

一個人能夠擁有健康，不愁吃穿住，並且有自己喜愛的工作，就已經是幸福的了。在追逐幸福時，不要只追求物質上的享受，有些東西捨得放下，其實會更接近幸福。

不計較得失，才能成就大事業

日本東京島村產業公司及丸芳物產公司董事長島村芳雄，不但創造了著名的「原價銷售法」，還利用這種方法，由一個一貧如洗的店員變成一位產業大亨。

島村芳雄初到東京的時候，在一家包裝材料廠當店員，薪金十分微薄，時常囊空如洗。由於沒錢買東西，島村下班後唯一的樂趣就是在街頭閒逛，欣賞行人的服裝和他們所提的東西。

有一天，島村又像往常一樣在街上漫無目的地遛達，無意中，他發現許多行人手中都提著一個紙袋，這些紙袋是買東西時商店給顧客裝東西用的。一個念頭在島村的腦中閃現了，他認定這種紙袋一定會風行一時，做紙袋生意一定會大賺一筆錢。

考慮到自己一無經驗，二無資金，島村創造了一種新的銷售方法，即「原價銷售法」，從而在激烈的商業競爭中站穩了腳跟，並為日後的發展打下了雄厚的基礎。

所謂原價銷售法，就是以一定的價格買進，然後以同樣的價格賣出，在這個過程中，中間商沒有賺一分錢。島村先往麻產地岡山的麻繩商場，以五角錢的價格大量買進四十五釐米規格的麻繩，然後按原價賣給東京一帶的紙袋工廠。這種完全無利潤的生意做了一年後，在東京一帶的紙袋工廠中，人們都知道「島村的繩索確實便宜」，訂貨單也像雪片一樣，從各地源源而來。

見時機成熟，島村便開始著手實施自己的第二步行動。他先拿著購貨收據，前去訂貨客戶處訴苦：「你們看，到現在為止，我是一毛錢也沒有賺你們的。如果再讓我這樣繼續為你們服務的話，我便只有破產的一條路可走了。」

交涉的結果是，客戶為島村的誠實和信譽所感動，心甘情願地把交貨價格提高為五角五分錢。

接下來，島村又與岡山麻繩廠商洽談：「您賣給我一條五角錢，我是一直按原價賣給別人，因此才得到現在這麼多的訂貨。如果這種賠本生意讓我繼續做下去的話，我只有關門倒閉了。」

岡山的廠商一看島村開給客戶的收據存根，大吃了一驚。這樣甘願做不賺錢生意的人，他們還是生平第一次遇到。於是，這些廠商們沒有多加考慮，就把價格降低為一條四角五分。

如此一來，以當時一天一千萬條的交貨量來計算，島村一天的利潤就可以達到一百萬元。創業兩年後，島村就成為名滿天下的人。

「捨不得」的感悟

真正的智者，真正的有抱負、理想遠大的人，不會計較一時的得失，他們往往把眼光投向更遠處，看到自己此時的損失能夠為未來帶來的好處。

無須太執著，三千弱水也只飲一瓢

有一條河流從遙遠的高山上流下來，流過了很多個村莊與森林，最後它來到了一個沙漠。它想：「我已經越過了重重的障礙，這次應該也可以越過這個沙漠吧！」當它決定越過這個沙漠的時候，它發現它的河水漸漸消失在泥沙之中，它試了一次又一次，總是徒勞無功。於是，它灰心了：「也許這就是我的命運了，我永遠也到不了傳說中那個浩瀚的大海。」它頹廢地自言自語。

這時候，四周響起了一陣低沉的聲音：「如果微風可以跨越沙漠，那麼河流也可以。」原來這是沙漠發出的聲音。小河流很不服氣地回答說：「那是因為微風可以飛過沙漠，可是我卻不可以。」「因為你堅持你原來的樣子，所以你永遠無法跨越這個沙漠。你必須讓微風帶著你飛過這個沙漠，到達你的目的地。你只要願意放棄你現在的樣子，讓自己蒸發到微風中。」沙漠用它低沉的聲音這樣說。

小河流從來不知道有這樣的事情。「放棄我現在的樣子，然後消失在微風中？不！不！」小河流無法接受這樣的事情，畢竟它從未有這樣的經驗，叫它放棄自己現在的樣子，那麼不等於是自我毀滅了嗎？

「我怎麼知道這是真的？」小河流這麼問。「微風可以把水汽包含在它之中，然後飄過沙漠，等到了適當的地點，它就把這些水汽釋放出來，於是就變成了雨水。然後，這些雨水又會形成河流，繼續向前進。」沙漠很有耐心地回答。

「那我還是原來的河流嗎？」小河流問。「可以說是，也可以說不是。」沙漠回答，「不管你是一條河流或是看不見的水蒸氣，你內在的本質從來沒有改變。你之所以會堅持你是一條河流，因為你從來不知道自己內在的本質。」此時小河流的心中，隱隱約約地想起了自己在變成河流之前，似乎也是由微風帶著自己，飛到內陸某座高山的半山腰，然後變成雨水落下，才變成今日的河流。於是，小河流終於鼓起勇氣，投入微風張開的雙臂，消失在微風之中，讓微風帶著它，奔向它生命中某個階段的歸宿。

「捨不得」的感悟

人生不可能完全被掌控，正所謂「謀事在人，成事在天」，生命中總有些難以預料的事情，有時無須太過執著。正如感情，感情是一捧細沙，握得越緊，越容易流失。自以為一切盡在掌握中，一切藏得嚴嚴實實，其實卻十分不牢靠。

Part 3

把心打開，
才能把手放開

有怎樣的內心，就有怎樣的生活能量

月有陰晴圓缺，人有悲歡離合。這是人生不可避免的常態，也是人生富有意義的根源所在。面對不可預測的變幻命運，我們也許無法與之進行對抗，但是我們可以選擇看人生的角度。

一位哲人曾經說過：一個人的內心就是一個人真正的主人，要麼你去駕馭生命，要麼是生命駕馭你，而你的內心將決定誰是坐騎，誰是騎師。平衡的心態可以實現更多的自我價值，相反，失衡的心態則會妨礙自我價值的實現。

曾經有兩個人在沙漠的黑夜中行走，水壺中的水早就喝完了，兩人又累又餓，體力漸漸不支了，在休息的時候，其中一個人問另一個人，現在你能看到什麼？

被問的那個人回答道：「我現在似乎看到了死亡，似乎看到死神在一步一步地靠近。」

發問的這個人卻微微一笑說：「我現在看到的是滿天的星星和我的妻子、兒女等待我回家的臉龐。」

最後，那個說看到死亡的人真的死了，就在快要走出沙漠的時候，他用刀子匆匆結束了自己的生命，而另一個說看見星星和自己妻子、兒女臉龐的人靠著星星的方位指示成功地走出了沙漠，並成為人們心目中的英雄。

其實這兩個人並沒有根本的區別，僅僅是當時的心態有所不同，最後就演繹了截然不同的命運。

因此一個人的內心所想往往會關係到一個人的命運，要想時刻都過得愉快，那就得讓自己的內心永遠都在自己的掌控之中，要堅持做心靈的主人，而不要為生命，被命運所奴役。

「放開」的感悟

你擁有什麼樣的內心，就擁有什麼樣的生活能量，這種能量將決定你能否獲得幸福的人生。

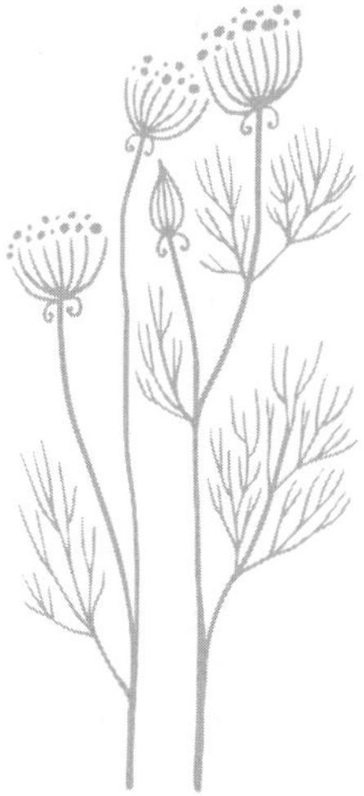

先放心再放手，是幸福的一種境界

一位老人，為了讓兒子們多一些人生歷練，便對他的三個兒子說：「你們三人出門去，三個月回來，把旅途中最得意的一件事告訴我。我要看你們哪一個所做的事最讓人敬佩。」他的三個兒子聽完後，就動身出發了。

三個月到了，三個人都回來了，老人就問他們每人所做的最得意的事。

長子說：「有個人把一袋珠寶存放在我這裡，他並不知道有多少顆寶石，假如我拿他幾個，他也不知道。等到後來他向我要時，我原封不動地歸還他。」

老人聽了之後說：「這是你應該做的事，若是你暗中拿他幾顆，你想你會變成什麼樣的人？」長子聽了，覺得這話有道理，便退了下去。

次子接著說：「有一天我看見一個小孩落入水裡，我救他起來，他的家人要送我厚禮，我沒有接受。」

老人說：「這也是你應該做的事，如果你見死不救，你心裡過得去嗎？」次子聽了，也沒話說。

最小的兒子說：「有一天我看見一個病人昏倒在危險的山路上，一個翻身就可能摔死。我走向前一看，竟然是我的仇敵，過去我幾次想報復他，都沒有機會，這回我要弄死他，可說是不費吹灰之力，但是我不願意暗地裡害他，我把他叫醒，並且送他回家。」

老人不等他說完，就十分讚賞地說道：「你的兩個哥哥做的也是符合良心的事，不過你所做的是以德報怨，那就更難得了。」

「放開」的感悟

做該做的事，是不昧良心，但做到原來不易做到的善事，則更能彰顯人性的光芒。尤其能做到以德報怨，寬恕仇敵並能適時援助對方時，可以稱得上是難能可貴。

打開心，社會就少一些冷漠

下面這個故事發生在一個可怕的暴雨和雷電交加的晚上。

當蒸汽渡輪「埃爾金淑女號」撞上一艘滿載木材的貨輪升沉沒之後，船上三百九十三名乘客全部掉入密歇根湖水之中，他們拚命掙扎著等待救援。

一位名叫史賓塞的年輕大學生奮勇跳入冰冷的湖水中，一次又一次救出溺水的人。當他從幾乎能把人凍僵的湖水中救出第十七個人之後，終因筋疲力盡而虛脫，再也無法站起來。從此之後，他在輪椅上渡過了自己的餘生。

多年後，在回答一家報紙採訪問到那晚之後最難忘的是什麼時，史賓塞的回答是：「十七個人當中，沒有一個人後來回來向我說聲謝謝。」這位因奮力救人而把自己的餘生放進輪椅的青年，所要的僅是一聲「謝謝」，然而他失望了。人們的冷漠，並沒有因史賓塞所做出的犧牲而有所改變。

再來看下面這個故事。

在一個位於紐約的貧窮髒亂的區域的法庭上，曾審理了一樁偷竊案，當時的情景至今仍震撼人心。那是在一九三五年，時任紐約市長的拉瓜地亞，旁聽了這樁偷竊案的審理。被控罪犯是一位老婦人，被控罪名為偷竊麵包。在訊問到她是否清白或願意認罪時，老婦人囁嚅著回答：「我需要麵包來給我那幾個餓著肚子的孫子吃，要知道，他們已經兩天沒吃到任何東西了……」

審判長答道：「我必須秉公辦事，你可以選擇十美元的罰款，或者是十天的拘役。」

判決宣佈之後，拉瓜地亞從席間站起身來，脫下帽子，往裡面放進十美元，然後面向旁聽席上的其他人說：「現在，請每個人另交出五十美分的罰金，這是我們為我們的冷漠所付的費用，以處罰我們竟讓一個祖母偷東西來養孫兒這樣的事發生在我們所在的城市的過失。」

那一刻，人們無比的驚訝與肅穆，每個人都悄無聲息地、認認真真地捐出了五十美分。

「放開」的感悟

美國職業演說家羅伯特曾這樣說過：「地球上有三十億人每晚餓著肚子睡覺，有四十億人每晚睡覺前渴望得到一句肯定和鼓勵的話，卻無所得。」生活會因愛而變得美麗，也會因冷漠而變得悲涼。多一些愛心，少一些冷漠，就不會讓一個又一個的心靈受到傷害。

放開心，安排自己快樂的想法

她已經九十二歲高齡了，身材嬌小但儀態自若，並略帶幾分矜持。她每天早晨都在八點鐘前穿戴完畢，頭髮做成時髦的樣式，面部的化妝也是十分精心完美，而她實際上已經雙目失明。

今天，她要被送進一家養老院。她七十歲的丈夫前不久去世了，她不得不住進養老院。

在養老院的大廳等候了數小時，當有人告訴她，她的房間已準備就緒時，她的臉上露出了甜甜的笑容。她轉動步行器進入電梯，護士對她那小小的房間進行了一番描述，包括掛在窗戶上的鑲有小圓孔的窗簾。

「我真喜歡！」她說道，流露出的熱情簡直和一個八歲的孩子得到一個新的小狗一樣。

「鐘斯夫人，您還沒有看到房間……」

「這和看不看沒有什麼關係，」她回答：快樂是你事先決定好的。我喜歡不喜歡我的房間並不取決於傢俱是怎樣安排的，而在於我怎樣安排我的想法。我已經決定喜歡它……這是我每天早晨醒來後做的決定：我可以選擇接受變化，並且在種種變化中尋找最佳；我還可以選擇擔憂那些可能永遠不會發生的『假如』。

我可以整天躺在床上，琢磨我身體哪些部分不靈了，給我帶來這樣或那樣的困難；我也可以從床上起來，對我身體還有許多部位能工作心懷感激。每一天都是一份禮物，只要我睜開眼睛，我就決定不去老想那些已經『發生在我身上』的事情，而是專注於我已使之發生的事情，我有五條簡單易行的快樂法則：

一、心中不存憎恨。
二、腦中不存擔憂。
三、生活簡單。
四、多點給予。
五、少點期盼。

「放開」的感悟

每個人都有自己的想法，怎麼想是由自己決定的。同樣，每個人都有自己的快樂，想不想快樂也是由自己決定的。自己的想法由自己來安排，自己的快樂也由自己來安排，這樣才能擁有快樂的生活。

放下心，追求完美會造成極度缺憾

著名哲學家周國平曾寫過這樣一個經典故事。

有個馬車伕正在倒車。

他的馬車上裝滿了從街巷裡拉出來的雪，正在一個乾涸的大澇壩沿上，他打算讓馬車倒得更完美一點，這樣他就可以直接把積雪卸入大澇壩裡，坑邊上不留一點痕跡。看得出，他是那種認真的人，喜歡把活兒幹得比別人漂亮。

這個馬車伕在這個久已乾涸的大澇壩的邊緣上倒他的馬車。他駕馭的是一架四套馬的大車，一匹轅馬，三匹稍馬。馬匹個個精壯，轅馬看起來比馬車伕還要聰明。車倒到離坑邊不到一米時，轅馬就堅持不退了。

但是馬車伕是一個固執的人，他喜歡完美，他不停地吆喝那幾匹馬，並且扯著轅馬的轡頭，堅持讓車倒得離澇壩沿更近一些。他倒來倒去，不肯將就。這個馬車伕，這個戴直筒帽的馬車伕，這個固執的完美主義者，終於在很短的時間裡把事情弄得不可收拾了，他的意志和馬的領會在關鍵處發生了一點誤差。

馬車後倒得過了頭，車輪移動到邊沿，馬車伕想改使向前，結果馬兒們卻猛地一倒，車傾斜了，四匹馬的力量想再把這輛懸空的重車拉上來已不可能。那輛載滿雪的重車拉著四匹馬墜落下去，四匹馬的姿勢令人哀憐，牠們朝天仰面，伸直脖頸，像一些不會飛的大鳥，任憑自己向深淵栽翻下去。

馬車伕張大驚恐的眼睛，他使盡全力，發出驚叫，也無法扭轉這一瞬間的顛覆。他犯下了終生難忘的錯誤。

馬車和馬在兩秒間通過自由落體運動直達壩底，馬車撞碎，但馬車不知疼痛，那四匹馬卻像柔弱無助的、覆巢之下的小雛鳥那樣，掙扎、抽搐，等待死亡。這時，馬車伕用雙手抱住腦袋，蹲在滂壩沿上，他已方寸大亂，大禍臨頭。

「放開」的感悟

追求完美是人的一種天性，沒有人不喜歡完美的事物。但我們要知道，這世上根本不存在十全十美的事物，所以，我們要懂得，做任何事都要掌握好分寸，更要懂得適可而止的道理。

否則，過度地追求完美，必會為完美所愚弄。

放開胸懷，接受屬於自己的一切

歐洲某國的一位著名的女高音歌唱家，僅僅三十歲就已經享譽全球，而且她擁有一位如意的郎君和一個美滿幸福的家庭。一次她舉行完一個成功的音樂會後，歌唱家和丈夫、兒子被一群狂熱的觀眾團團圍住。人們七嘴八舌地與歌唱家攀談起來，讚美與羨慕之詞洋溢了整個會場。

有的人恭維歌唱家少年得志，大學剛畢業就走進了國家級劇院，成了一名主要演員；有的人恭維歌唱家二十五歲就被評為世界十大女高音之一，年輕有為；也有恭維歌唱家有一個優秀的丈夫，而膝下又有活潑可愛臉上永遠洋溢著笑容的小男孩。

在人們議論的時候，歌唱家只是靜靜地聽，什麼也沒有表示。當大家把話說完後，她才緩緩地說：「首先我要謝謝大家對我和我家人的讚美，我希望在這些方面能夠和你們共享快樂。

但是，你們只看到了一個方面，還在另一方面你們沒有看到，那就是你們誇獎的活潑可愛臉上總帶著微笑的小男孩，不幸是一個不會說話的啞巴，而且他還有一個經常要被關在屋裡精神分裂的姐姐。」

人們震驚了，你看看我，我看看你，似乎很難接受這樣的事實。這時，歌唱家又心平氣和地對人們說：「這一切說明什麼呢？恐怕只能說明一個道理，那就是，上帝是公平的，給誰的都不會太多，我們唯有放開胸懷，接受屬於自己的一切。」

「放開」的感悟

上帝是公平的，給誰的都不會太少，給誰的都不會太多。所以，不要只看到或羨慕別人的擁有，而看不到自己的擁有，甚至抱怨自己沒有，應該想一想，自己擁有的而別人卻沒有的東西。

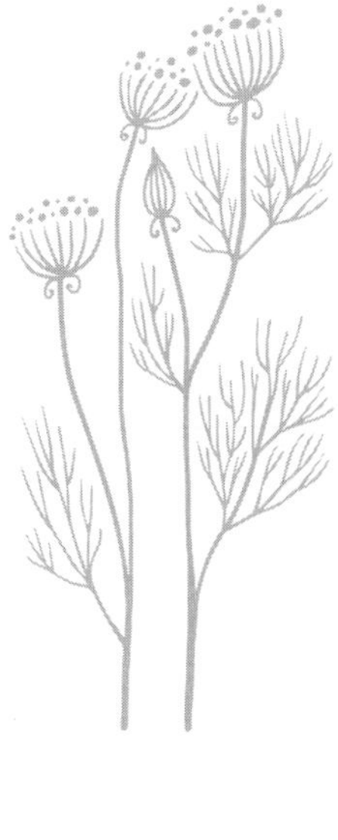

打開胸懷，讓寬容和忍讓常駐

在歐洲醫學界，居爾斯特蘭德的名字可謂大名鼎鼎。居爾斯特蘭德不僅是一位極高明的眼科醫生，而且是對眼睛進行深入研究、揭開眼睛生理光學秘密的專家。一九一一年授予他諾貝爾醫學獎時，是由物理學權威們參加審議的，這也是諾貝爾獎頒發中的一件趣事。

居爾斯特蘭德是他父親文諾．居爾斯特蘭德的第三個兒子。老文諾也是一位眼科醫生，而且很有名氣，他家在瑞典的朗茨克魯納，這裡最有錢的富豪是瑪爾蓋勳爵。朗茨克魯納海濱的麵粉廠、化工廠、造船廠等等，都是瑪爾蓋的財富。

瑪爾蓋曾在貧民區創建了一所醫院。貧民區原來有個小診所，就是老文諾的眼科診所。不但瑞典國內的患者，連北歐其他國家的患者也常慕名而來找文諾就醫，可見名氣之大。可瑪爾蓋並不高興，因為這樣一來瑪爾蓋醫院的名氣就不太了。更何況老文諾以醫濟世，不以術致富。有人建議請文諾來瑪爾蓋醫院主持眼科，瑪爾蓋以文諾沒有文憑而拒之門外，這使得老文諾氣憤至極。

後來瑪爾蓋發慈悲讓文諾的三兒子居爾斯特蘭德去醫院當見習醫生。居爾斯特蘭德憋著一口氣，想一定要做出個樣子來，以報復瑪爾蓋，給父親出出氣。

果然十八歲時，居爾斯特蘭德以優異成績考入醫院；五年畢業後回到父親的小診所，就在這所小診所裡，斯特蘭德二十八歲獲得博士學位，他的博士論文轟動了瑞典首都斯德哥爾摩，三十歲時他被任命為斯德哥爾摩眼科診所所長。這樣一來，瑪爾蓋開始後悔當初不應該把事情做得太絕，壞了兩家的關係。

偏偏這時瑪爾蓋家的四小姐芬妮得了嚴重的眼病，他家醫院裡的眼科醫生都束手無策，眼睜睜看著她一天天走向黑暗。瑪爾蓋不惜重金，把北歐各國的著名的眼科專家都請來了，然而誰也沒有辦法。

兩塊黑色的雲翳蓋在四小姐芬妮的瞳孔上，一動手術就可能失明，不動手術等於有眼無珠，瑪爾蓋絕望了。最後還是芬妮自己提出：去請斯特蘭德。

斯特蘭德來了，他好像已經忘記了瑪爾蓋歧視、冷遇他父親的前嫌。與對所有的病人一樣，他為芬妮做手術，結果成功了！重見光明的芬妮愛上了斯特蘭德，要將自己的終身許給他，以報答他的恩情。但是，斯特蘭德謝絕了。他既沒有因前嫌對芬妮坐視不理，也沒有因治療的成功而接受她的愛情，他離開家鄉到烏普薩拉大學就任眼科教授去了。

「放開」的感悟

寬容和忍讓是制止報復的良方，我們經常帶上這個「護身符」，可保我們一生平安。因為善於寬容和忍讓的人，不會被世上不平之事所擺弄，即使受了他人的傷害，也絕不冤冤相報，寬容忍讓會時時提醒我們自己：「邪惡到我為止。」

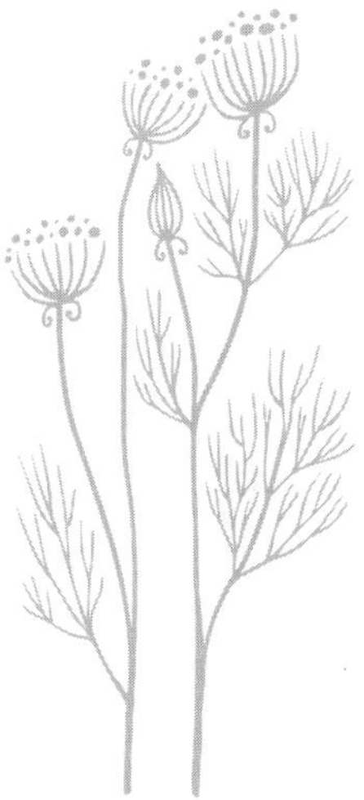

放下吧！諒解曾經傷害過你的人

在猶太聖經《塔木德》中，有一則關於約瑟夫接納哥哥的故事，被猶太人視為為人處世的典範。

約瑟夫是雅各的兒子，受到兄長的排擠，在小時候被兄長賣往埃及為奴，後來約瑟夫在埃及做了大官。

有一年鬧饑荒，約瑟夫的哥哥們一路逃荒來到埃及。當約瑟夫發現自己的哥哥們時，就走上前說：「我是約瑟夫，父親還好嗎？」

可是，哥哥們簡直不相信這是真的，一時無法回答，一個個都目瞪口呆了。

約瑟夫又對哥哥們說：「請你們走近些。」

當哥哥們走近時，約瑟夫說：「我是你們的兄弟約瑟夫，你們曾經把我賣到埃及。」

兄長們還是不敢相信。但是當他們明白一切都是真的時，看著眼前的弟弟如此榮耀，如此威風，嚇得說不出話來了。

這時幾位兄長聽到約瑟夫說：「現在，你們不要因為把我賣到這裡而譴責自己，這是上帝為了救我的命才把我送到這裡來的。老家發生饑荒已經兩年了，你們將無法繼續生存下去，現在所有土地都荒廢無收。上帝把我早些送來，是為了讓你們繼續存活，以特殊的方式讓我們都生存下去。所以是上帝而不是你們把我送到這兒來的。」

約瑟夫的話語，把自己少年的苦難說成是上帝拯救自己的行為，替哥哥們開脫了自責的心理。

「放開」的感悟

猶太人有句名言說：「誰是最強大的人？化敵為友的人。」能夠寬容待人、化敵為友是為人處世的最高境界。諒解和接受曾經傷害過你的人，才是最好的待人之道。那些受到侮辱卻不侮辱別人、聽到誹謗卻不反擊的人，是值得敬重的人。

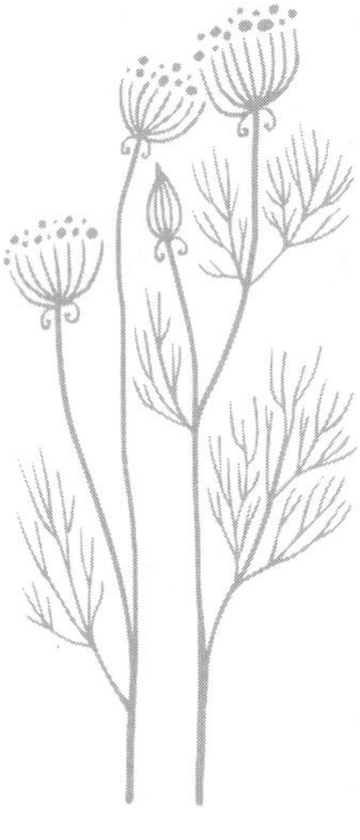

無法釋懷，你將無法找回快樂

一個陽光明媚的早晨，格蘭的禮品店依舊開業很早。格蘭靜靜地坐在櫃檯後邊，欣賞著禮品店裡各式各樣的禮品和鮮花。忽然，禮品店的門被推開了，走進來一位年輕人。他的臉色顯得很陰沈，眼睛流覽著禮品店裡的禮品和鮮花，最終將視線固定在一個精緻的水晶烏龜上面。

「先生，請問您想買這件禮品嗎？」格蘭親切地問。可是，年輕人的眼光依舊很冰冷。

「這件禮品多少錢？」年輕人問。「五十元。」格蘭回答道。年輕人聽格蘭說完後，伸手掏出五十元錢甩在櫥窗上。格蘭很奇怪，自從禮品店開業以來，她還從沒遇到這樣豪爽、慷慨的買主呢。「先生，您想將這個禮品送給誰呢？」格蘭試探地問了一句。

「送給我的新娘，我們明天就要結婚了。」年輕人依舊面色冰冷地回答著。格蘭心裡咯登一下：什麼，要送一隻烏龜給自己的新娘，那豈不是他們的婚姻安上一個定時炸彈？

格蘭沉重地想了一會，對年輕人說：「先生這件禮品一定要好好包裝一下，才會給你的新娘帶來更大的驚喜。可是今天這裡沒有包裝盒了，請你明天再來取好嗎？我一定會利用今天晚上為您趕製一個新的、漂亮的禮品盒……」「謝謝你！」年輕人說完轉身走了。

第二天清晨，年輕人早早地來到了禮品店，取走了格蘭為他趕製的精緻的禮品盒。

年輕人匆匆地來到了結婚禮堂——新郎不是他而是另外一個年輕人！年輕人快步跑到新娘跟前，雙手將精緻的禮品盒捧給新娘。而後，轉身迅速地跑回了自己的家中，焦急地等待著新娘憤怒與責怪的電話。在等待中，他的淚水撲簌簌地流了下來，有些後悔自己不該這樣去做。

傍晚，婚禮剛剛結束的新娘便給他打來了電話：「謝謝你，謝謝你送我這樣好的禮物，謝謝你終於能明白一切了，也能原諒我了……」電話的一邊新娘高興而感激地說著。年輕人萬分疑惑，什麼也沒說，便掛斷了電話。但他似乎又明白了什麼，迅速地跑到了格蘭的禮品店。

推開門，他驚奇地發現，在禮品店的櫥窗裡依舊靜靜地躺著那只精緻的水晶烏龜！

一切都已經明白了，年輕人靜靜地望著眼前的格蘭。而格蘭依舊靜靜地坐在櫃檯後邊，衝著年輕人輕輕地微笑了一下。年輕人冰冷的面孔終於在這瞬間被改變成一種感激與尊敬：「謝謝你，謝謝你，你使我懂得了諒解別人的真正意義，讓我又重新找回了我自己。」

原來，格蘭只是將一件定時炸彈似的水晶烏龜，換成了一對代表幸福和快樂的鴛鴦。沒有想到，這竟在短短的時間內，最大程度上改變了一個人冰冷的內心世界。

「放開」的感悟

在人的一生之中，我們總一些事無法釋懷，總對某些人懷有怨恨。其實，這是不明智的，因為在這種心理狀態下，我們不可能快樂。只有學會諒解別人，才會把一些事看透看開，也才能找回那個真正善良、快樂的自己。

Part 4
豁達，能讓自己與幸福相遇

心態不同，生活也會隨之改變

塞爾瑪陪伴丈夫駐紮在一個沙漠的陸軍基地裡。丈夫奉命到沙漠裡去演習，她一個人留在陸軍的小鐵皮房子裡，天氣熱得受不了，在仙人掌的陰影下也有華氏一百二十五度。她沒有人可談天，身邊只有墨西哥人和印第安人，而他們不會說英語。她非常難過，於是就寫信給父母說要丟開一切回家去。

她父親的回信只有兩行，這兩行信卻永遠留在她心中，完全改變了她的生活。這兩行字是：兩個人從牢中的鐵窗望出去，

一個看到泥土，一個卻看到了星星。

塞爾瑪一再讀這封信，覺得非常慚愧。她決定要在沙漠中找到星星。

塞爾瑪開始和當地人交朋友，他們的反應使她非常驚奇，她對他們的紡織、陶器表示興趣，他們就把最喜歡但捨不得賣給觀光客人的紡織品和陶器送給了她。

塞爾瑪研究那些引人入迷的仙人掌和各種沙漠植物、物態，又學習有關土撥鼠的知識。她觀看沙漠日落，還尋找海螺殼，這些海螺殼是幾萬年前，這沙漠還是海洋時留下來的……原來難以忍受的環境竟變成了令人興奮、留連忘返的奇景。

是什麼使這位女士內心發生了這麼大的轉變呢？

沙漠沒有改變，印第安人也沒有改變，但是這位女士的念頭改變了，心態改變了。一念之差，使她把原先認為惡劣的情況，變為一生中最有意義的冒險。她為發現新世界而興奮不已，並為此寫了一本書，以《快樂的城堡》為書名出版了。

她從自己造的牢房裡看出去，終於看到了星星。

「豁達」的感悟

很多時候，我們之所以感到生活枯燥乏味，是因為我們的心態是枯燥乏味的。如果想使生活變得有滋有味，就要改變心態，把消極心態變為積極心態。只有這樣，我們才能改變自己的生活。

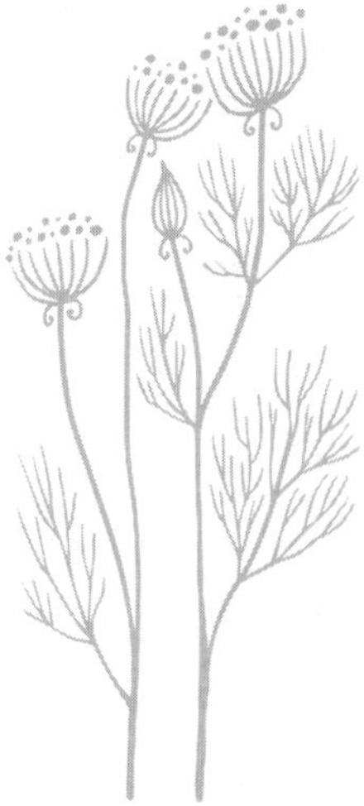

豁達處事，能保持積極的動力

亞蘭是美國聯合保險公司有一位推銷員，他想成為這個公司的明星推銷員。

他努力應用他在勵志書籍和雜誌中所讀到的積極豁達心態原則。不久，他遭遇了一個厄運，這給了他一個發揮心態的良機，他有效地發揮了自己的積極豁達心態。

寒冬的一天，亞蘭在威斯康辛州一個城市的街區中推銷保險單，卻沒有做成一筆生意。當然，他對自己很不滿意。但他沒有因此而氣餒，而是選擇了豁達的心態，將這種不滿轉變為一種勵志的動力。

他記起他所讀過的書，於是，他應用了豁達心態的原則。

第二天，當他從辦事處出發時，他向同事們講述了前天所遭遇的失敗，接著他說：「等著瞧吧！今天我將再次拜訪那些顧客，我將售出比你們售出的總和還要多的保險單。」

後來的事實是，亞蘭做到了這一點。他回到那個街區，又拜訪了前一天與他談過話的每一個人，結果售出了六十六張新的事故保險單。

這確是一個不平常的成就，而這個成就是由厄運造成的。那時亞蘭在風雷中穿街過巷，跋涉了八個小時，卻沒有賣出一張保險單。可是亞蘭能夠把頭一天大多數人在失敗的情況下所感覺到的消極不滿，在第二天就轉化成勵志性的不滿，並且取得了成功。

亞蘭確實成了這個公司的最佳銷售員，後來他被提升為銷售經理。

「豁達」的感悟

人生中不可能沒有失敗和挫折，但問題是有的人一旦遇到失敗和挫折，就會喪失意志和勇氣，被之擊退；而在那些真正的成功者中，許多人具有這樣的特點：他們以豁達的心態，使用積極的力量，把失敗變成走向成功的動力。

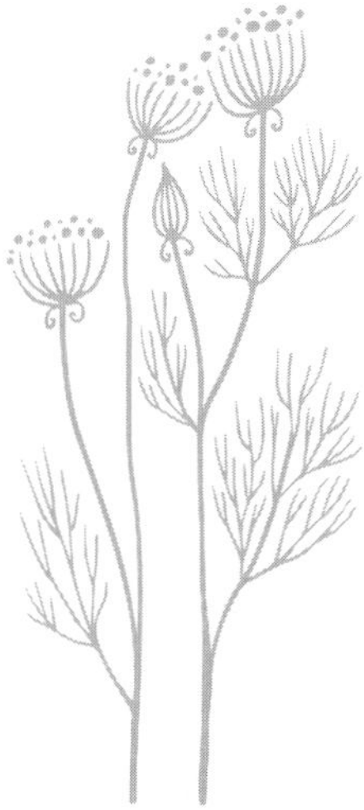

不必去羨慕他人，只需做好自己

從前，有一國王閒來無事，便微服走出宮門，走到一個補鞋的老頭處，一時興起，問老頭：「一國之中誰是最快樂的人？」

老頭答：「當然是國王最快樂了。」

國王問：「為什麼？」

老頭說：「你想，有百官差遣，平民供奉，想要什麼就有什麼，這還不快樂嗎？」

國王答：「希望如你所說的。」於是與老頭一道共飲葡萄美酒，直到老頭醉得不省人事，國王便命人把他抬回宮中，對王妃說：「這個老頭說，國王是最快樂的，我現在戲弄一下他，給他穿上國王的衣服，讓他理理國政，你們大家不要害怕。」

王妃答：「遵命。」

等到那老頭醒了，宮女便假裝說：「大王你喝醉了，現在積下很多事情要等你處理。」於是這老頭被擁出臨朝，眾人都催促他快些處理事情，他卻懵懵懂懂，什麼也不知道。這時，旁邊有史官記其所言所行，大臣公卿們與之商討議論，一直坐了一整天，弄得這老頭腰酸背痛，疲憊不堪。這樣過了幾天，老頭吃不好睡不香，竟瘦了下來。

宮女又假裝說：「大王你這樣憔悴，是為什麼啊？」

老頭回答說：「我夢見自己是一個補鞋的老頭，辛苦求食，生活很是艱難，因此就瘦成這樣了。」

眾人都私下裡偷著笑。這老頭到了晚上，翻來覆去睡不著說：「我是補鞋子的呢？還是國王呢？若真是國王，皮膚為什麼又這樣粗糙呢？若是補鞋子的，又為什麼會在王宮裡呢？唉！我的心很慌，眼睛也花了啊！」他竟真分不清自己到底是誰了。

王妃假裝問：「大王這樣不高興，讓歌伎們來取樂你吧！」於是老頭喝起葡萄美酒，又醉得不省人事了。後來，宮女們又讓老頭穿上舊衣服，把他送回到簡陋的床上。老頭酒醒後，看見自己的破房，粗布衣服一切都是原來的樣子，但卻渾身酸痛，好像被棍子打過了一樣。

過了幾天，國王又來到他這裡。老頭對國王說：「上次喝酒，是我糊塗無知，現在我才明白過來啊，我夢見自己當了國王，要審核百官，又有國史記對記錯，眾大臣要來商量討論國事，心裡便總是憂心不安。弄得渾身都痛，好像被打了鞭子一樣。在夢裡尚且如此，若是真的當了國王，還不更痛苦啊？前幾天跟你說的話，實在是不對的啊！」

「豁達」的感悟

家家有本難念的經，人人都有難言之隱。所以，在生活中不必羨慕別人的風光，在風光背後，自有他的苦衷；也不要因自己的平凡而苦惱，其實平凡也有平凡的樂趣。不必去羨慕他人如何，只需做好我們自己就行了。

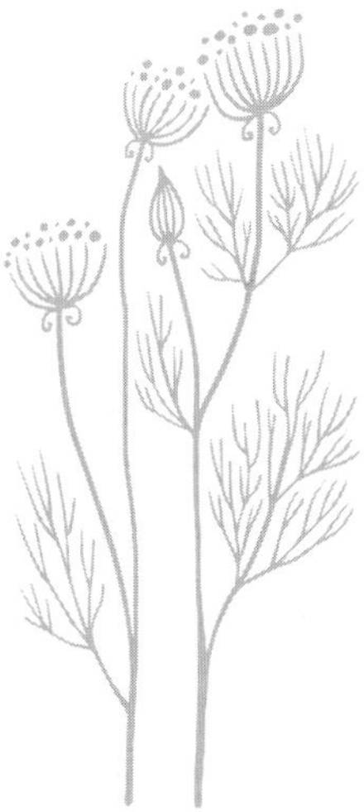

想得太遠，只會有無盡的煩惱

有一個製造各式各樣成衣的商人，在經濟不景氣的波及下生意大受影響，因此他整天心情鬱悶，每天晚上都睡不好覺。

妻子見他愁眉不展的樣子十分不捨，就建議他去找心理醫生看看，於是他前往醫院去看心理醫生。

醫生見他雙眼佈滿血絲，便問他說：「怎麼了，是不是受失眠所苦？」

成衣商人說：「可不是嗎！」

心理醫生開導他說：「這沒有什麼大不了的！你回去後如果睡不著就數數綿羊吧！」

成衣商人道謝後離去了。

過了一個星期，他又來找心理醫生他雙眼又紅又腫，精神更加不振了。

心理醫生複診時，非常吃驚地說：「你是照我的話去做的嗎？」

成衣商人委屈地回答說：「當然有呀！還數到三萬多頭呢！」

心理醫生又問：「數了這麼多難道還沒有一點睡意？」

成衣商人答：「本來是睏了，但一想到三萬多頭綿羊有多少毛呀，不剪豈不可惜。」

心理醫生於是說：「那剪完不就可以睡了？」

成衣商人歎了口氣說：「但頭疼的問題來了，這三萬頭羊毛所製成的毛衣，現在要去哪兒找買主呀！一想到這兒，我就睡不著了！」

「豁達」的感悟

做人做事，想得長遠一點不失為一件好事。但有些事想的太遠，就了無休無止的壓力，煩惱自然也就跟隨而來。不要掛念太多不該掛念的事，不要把有些事想得太遠，這樣才能心靜，才能快樂。

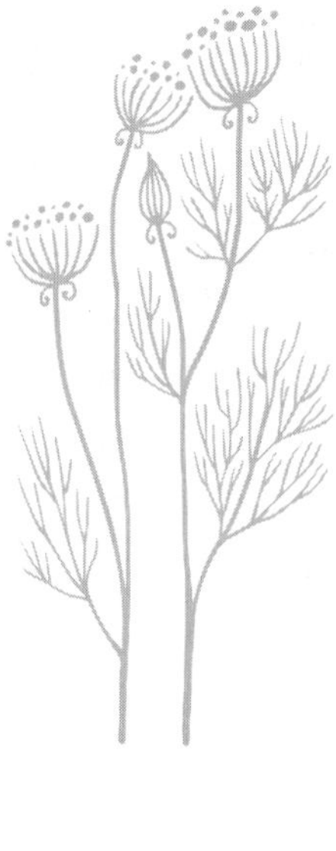

讓他過去吧，事後的責備無濟於事

蓋爾和簡是大學一年級的同學，並很快成為好朋友，因而也結識了簡的全家。

簡的父母懷特夫婦共有六個兒女：三男三女。也許是因為其中一個男孩的早年夭折，剩下的五個孩子相處分外和睦。簡的全家都非常熱情，將蓋爾當作親戚來款待。

蓋爾家的氣氛和簡迥然不同，在蓋爾家，充斥著呵責和抱怨，隨時準備推脫關係並提防飛來橫禍。一次，蓋爾媽媽看到廚房裡一片狼藉，立刻高聲追究責任：「誰幹的？」蓋爾爸爸不由分說的就把帳算在蓋爾頭上：「蓋爾，準是你的錯。」

就這樣蓋爾的兄弟姐妹從小開始就學會了推脫責任，經常把餐桌變成唇槍舌劍的戰場。

可事情如果發生在簡家，處理的結果卻恰恰相反，他們不會互相推脫抱怨，急著尋找肇事者，而是努力解決問題，然後就當事情沒有發生過一樣。

夏天到了，蓋爾和簡姐妹決定：搞一次長途汽車旅行。懷特家兩個年長的女兒，莎拉和簡很早就持有駕照，有比較豐富的駕駛經驗。剛滿十六歲小妹妹艾眉，最近才獲得了駕照。因為可以在旅途中偶爾小試身手，艾眉非常興奮，一路上都「咯咯」笑著向遇到的人展示她的新駕照。

莎拉、簡和蓋爾輪流駕車，開到人煙稀少的地方，就讓艾眉練練手藝。到達南加利福尼亞，他們吃過午飯上路時，讓艾眉坐到了駕駛座。開到一個十字路口，艾眉也許是缺乏經驗而心慌，沒有注意到前方亮起的紅燈，闖了過去，結果，與一輛大拖車相撞。造成簡當場死亡，莎拉頭部受傷，艾眉腿骨骨折，蓋爾擦破一點皮。這點外傷只是小事，蓋爾最難以承受的是：在電話裡，要親口告知懷特夫婦簡的死訊。蓋爾覺得自己失去一個摯友，已經讓自己無比心痛；可懷特夫婦失去一個女兒，對他們來說將是何等殘忍啊！

懷特夫婦接到電話，立刻趕到醫院。他們緊緊擁抱住我們，悲喜交加，悲的是他們又失去了一個女兒，喜的是他們還有兩個女兒還活著。然後，懷特夫婦擦乾兩個女兒臉上的淚滴，開始與她們談笑。

這使蓋爾很震驚：在這個過程中懷特夫婦沒有責難，沒有抱怨……。

後來，蓋爾問懷特夫婦為什麼沒有教訓艾眉，至少簡正是死於她闖紅燈造成的車禍。

懷特夫人說：「簡離開了，我們都非常想念她。可是，不論我們再如何抱怨，都不能讓簡回來。而艾眉還有很長的人生道路要走下去。如果我們責難艾眉，讓她背負著『造成姐姐死亡』的包袱，怎能擁有一個完整、健康和美好的未來呢？事後的責備並不是最重要的，有時候，它根本一點用處也沒有，最重要的是心靈和未來。」

懷特夫婦的做法是完全正確。艾眉不久大學畢業了，成了一名教師，專門教智障的兒童。不久，成為兩個女兒的母親。年長的那個小女孩，起名叫做「簡」。

「豁達」的感悟

當一件壞事發生後，我們都會陷入深深的責備之中，或責備別人，或責備自己。其實，這些責備是於事無補的。事後的責備並不是最重要的，最重要的是心靈和未來。

無法挽回的事，就豁達的接受事實

這是發生在醫院和患者之間的一場官司。

為了這次醫療事故，醫院經過一番嚴密、細緻的謀劃，院方代表、律師及肇事醫生已到場。

患者一方只有事故受害者的妹妹一人，不過，許多不相干的人倒是都站在她這一邊。氣氛緊張得如臨大敵。

那天，聽到姐姐因醫生的失誤而成為冤魂時，妹妹的腦袋一下子就昏了過去。

想當初，因姐姐的眼睛有殘疾，她才獲得了允許出世的指標。後來，父母相繼去世，姐妹二人相依為命。姐姐省吃儉用地供她上大學。眼看著就要畢業了，就可以好好報答姐姐了，姐姐卻亡命於醫生的誤診。

院方當然深知這次事件的嚴重性。這會兒，院長正親自提醒有關人員看看還有沒有疏漏，大家搜腸刮肚地準備好幾套對策：包括賠償金額的上限；將肇事醫生暫時停職或是解除合同；設法從患者身上尋找漏洞；妥善處理所有的診斷記錄等等。

突然，走廊道裡傳來了腳步聲、說話聲和抽泣聲。不一會兒，一位護士進來，交給院長一張字條，院長表情嚴肅地看了一遍又一遍，然後，把字條交給了旁邊的辦公室主任：「你給大家念一下吧！」

辦公室主任站起身，清了清嗓子，念道：

姐姐身遭不幸，醫生和院方都難脫其咎。只是，人已去，即使爭得再多的賠償，即使讓失誤的醫生丟掉飯碗甚至坐牢，我那親愛的姐姐也難再回頭！所以，我決定放棄一切要求，只求醫院能深深自省……現在，我按照姐姐生前曾經有過的願望，捐出遺體，供做醫學研究。

患者家屬哭別！

這時，有人將精心準備的假資料撕得粉碎、粉碎！

「豁達」的感悟

在每個人的一人生中，儘管有些事本不應該發生，但還是發生了，即使再怎麼樣也無法挽回。既然已經無法挽回，就讓它成為過去吧，因為，生命中本就有許多無奈，接受現實才是一種豁達和明智。

無論發生什麼，都沒什麼大不了的

如果一個人在四十六歲的時候，在一次很慘的機車意外事故被燒得不成人形，四年後又在一次墜機事故後腰部以下全部癱瘓，會怎麼辦？

接下來，我們能想像他變成百萬富翁、受人愛戴的公共演說家、洋洋得意的新郎官及成功的企業家嗎？我們能想像他會去泛舟、玩跳傘、在政壇角逐一席之地嗎？

但這一切，米契爾全做到了，甚至有過之而無不及。在經歷了兩次可怕的意外事故後，他的臉因植皮而變成一塊彩色板，手指沒有了，雙腿如此細小，無法行動，只能癱瘓在輪椅上。

那次機車意外事故，把他身上六成五以上的皮膚都燒壞了，為此他動了十六次手術，手術後，他無法拿起叉子，無法撥電話，也無法一個人上廁所，但以前曾是海軍陸戰隊員的米契爾從不認為他被打敗了。他豁達的說：「我完全可以掌控我自己的人生之船，那是我的浮沉，我可以選擇把目前的狀況看成倒退或是一個起點。六個月之後，他又能開飛機了！」

米契爾為自己在科羅拉多州買了一幢維多利亞式的房子，另外也買了房地產、一架飛機及一家酒吧，後來他和兩個朋友合資開了一家公司，專門生產以木材為燃料的爐子，這家公司後來變成佛蒙特州第二大的私人公司。

機車意外發生後四年，米契爾所開的飛機在起飛時又摔回跑道，把他胸部的十二條脊椎骨全壓得粉碎，腰部以下永遠癱瘓！

米契爾仍不屈不撓，日夜努力使自己能達到最高限度的獨立自主，他被選為科羅拉多州孤峰頂鎮的鎮長，以保護小鎮的美景及環境，使之不因礦產的開採而遭受破壞。米契爾後來也競選國會議員，他用一句「不只是另一張小白臉」的口號，將自己難看的臉轉化成一項有利的資產。

儘管剛開始面貌駭人、行動不便，米契爾卻開始泛舟，他墜入愛河且完成終身大事，他拿到了公共行政碩士，並持續他的飛行活動、環保運動及公共演說。

米契爾屹立不倒的正面態度，使他得以在《今天看我秀》及《早安美國》節目中露臉，同時《前進雜誌》、《時代週刊》、《紐約時報》及其他出版物也都有米契爾的人物特寫。

米契爾說：「我癱瘓之前可以做一萬件事，現在我只能做九千件，我可以把注意力放在我無法再做的一千件事上，或是把目光放在我還能的九千件事上。告訴大家，我的人生曾遭受過兩次重大的挫折，而我不能把挫折拿來當成放棄努力的藉口。

或許你們可以用一個新的角度，來看待一些一直讓你們裹足不前的經歷。你可以退一步，想開一點，然後，你就有機會說：『或許那也沒什麼大不了的！』」

「豁達」的感悟

這世上有幸運，也就會有不幸。當不幸來臨時，無論是發生了什麼事，都要保持一種積極向上的心態和頑強的拚搏精神。我們要告訴自己：這沒什麼大不了的，我依然可以做以前想做的事，而且會把能做的事做得更好。

不要沒事找事，否則終會造成禍害

很早以前，有一個沒發生過災禍的國家。那裡五穀豐盛，人民安寧，既沒有疾病流行，也沒有災害發生，舉國上下無憂無慮，一片歌舞昇平的景象。

有一天，國王在宮殿中對大臣們說：「我聽說天下有個叫災禍的東西，種類很多，但不知道它到底是什麼樣子。」

眾大臣也說：「我們也聽說過，但都沒有見過它的樣子。」

於是，國王便派遣一位大臣到鄰近國家購買災禍。

天神遙知此事後，便化成一位商人來到市場上，擺出一個外表看似豬形的怪物，用鐵索緊緊地捆綁著，等在一旁，靜候那位大臣到來。

果然，那位大臣來到怪物前，便停住腳仔細地看起來。他問商人：「這是什麼怪物啊？」

商人說：「這是『禍母』，能夠製造災禍。」

大臣一聽，非常高興，心想：我可找到要買的東西了。他連忙詢問價錢，商人說價值千萬。

大臣又問：「它以什麼為食？」

商人答道：「此物專以針為食，每日要吃一升針。」

大臣將一切打聽仔細後，便歡歡喜喜地把「禍母」買回了國中。從此之後，全國的百姓都停止了原有的工作，所有的人一天到晚只做一件事，那就是到處找針，以餵養「禍母」。全國上下都因餵養「禍母」卻找不夠針而犯愁，沒多久，這個國家就變得官府混亂，人民犯罪，五穀不收，病害肆虐，舉國沒有安寧，百姓無以聊生。這時，人們全都明白了：這就是災禍。

於是，國王命令把「禍母」殺死焚燒，扔出國界。可是，當人們把「禍母」帶到城外砍殺時，卻刀砍不入。人們又架起柴堆，用火焚燒，「禍母」依然無恙。正當人們不知所措時，通體赤紅的「禍母」轟然竄入城中，入市燒市，入殿燒殿，整個城池頓時陷入一片火海之中，轉瞬之間便國破家亡。

「豁達」的感悟

很多人喜歡沒事找事或找一些沒做過的無聊之事去做，或與別人無理取鬧等。殊不知，這樣沒事找事，最容易引發大事，甚至會造成禍害，不但害了別人，也害了自己。所以切記：不要沒事找事。

4 豁達，讓人人都有寬容的度量

從前，有一個宰相請一個理髮師理髮。理髮師給宰相理髮時過分緊張，不小心把宰相的眉毛給刮掉了。他頓時驚恐萬分，深知宰相必然會怪罪下來，那可吃不了兜著走呀！他不禁暗暗叫苦。

理髮師是個常在江湖上行走的人，深知人之一般心理：盛讚之下無怒氣。於是他情急生智，連忙停下剃刀，故意兩眼直愣愣地看著宰相的肚皮，彷彿要把宰相的五臟六腑看個透似的。宰相見他這模樣，感到莫名其妙。迷惑不解地問道：「你不修面，卻光看我的肚皮，這是為什麼呢？」

理髮師裝出一副傻乎乎的樣子解釋說：「人們常說，宰相肚裡能撐船，我看大人的肚皮並不大，怎麼能撐船呢？」宰相一聽理髮師這麼說，哈哈大笑：「那是宰相的氣量最大，對一些小事情，都能容忍，從不計較的。」

理髮師聽到這話，「撲通」一聲跪在地上，聲淚俱下地說：「小的該死，方才修面時不小心將相爺的眉毛刮掉了！相爺氣量大，請千萬恕罪。」

宰相一聽哭笑不得：眉毛給刮掉了，叫我今後怎麼見人呢？不禁勃然大怒，正要發作，但又冷靜一想：自己剛講過宰相氣量最大，怎能為這小事，給他治罪呢？於是，宰相便豁達溫和地說：「算了，你去把筆拿來，把眉毛畫上就是了。」

「豁達」的感悟

每個人都有一定的度量，都會有寬容之心。但在怒氣未消前，度量會被掩埋。當做錯事的時候，不妨先用讚譽啟動對方的度量，然後再承認自己的錯誤，就會取得對方的諒解。

心態豁達，不必凡事都要插一腳

一名男子百無聊賴地在大街上閒逛。

他看到有一家商店的櫥窗裡什麼也沒有，便把臉貼在玻璃上使勁往裡看，想看看這家商店到底是賣什麼東西的，只見貨架的牌子上寫著各種各樣的真相。

他感到很奇怪，便走了進去。

在一個櫃檯前，他向小姐問道：「這是賣真相的商店嗎？」

小姐答道：「是的，先生，您要買什麼真相？部分真相，相對真相，統計真相，還是完全真相？」

他沒有想到會有一個能買到真相的商店，感到很有意思。太多的欺騙、隱瞞、謊言和假貨使他傷心透了，於是他不假思索地說道：「我要買完全真相！」

於是，小姐把他帶到另外一個櫃檯前，那裡有一名男店員。他對那位表情嚴肅的男店員說：「我要買完全真相。」

「對不起，先生，您知道買完全真相要付出什麼代價嗎？」男店員問道。

「不知道。」他嘴上這樣說，可是心裡想，為了買到完全真相，不論什麼代價他都願付出。

男店員告訴他，如果他要買走完全真相，需要付出的代價是自己永生不得安寧。他聽後大吃一驚，沒有想到買真相要付出如此巨大的代價，於是急匆匆地走出了商店。

他有些悲哀地意識到，他畢竟還需要一些謊言和藉口把某些事情隱藏起來，他還沒有能力面對所有赤裸裸的真相。

「豁達」的感悟

人生中，知道的事情太多並不是一件好事，知道的真相太多則更糟糕。因為什麼事都知道了真相，人生就沒有什麼意義了，更為主要的是，知道某些事的真相會導致憤怒等不安情緒，甚至永遠無法安寧。所以，不要苦苦追尋某些事的真相，豁達的心態才是一種明智。

豁達的人生，就要心存善良和感恩

在美國的一所大學裡，教授在為自己的學生們上一節心理課，主題是「誰是我們一生最重要的人」。主要是讓學生們瞭解一下在自己內心深處所渴望的恆久慰藉。換言之，讓同學們清楚自己最終將情歸何處。因為不管男人還是女人，在臨終前，希望自己的親朋好友或是至親至愛的人在身邊，但最希望的會是哪一位呢？

教授說：「我和大家來做一個遊戲，誰願意配合我一下呢？」

一名女生走上台來。

教授說：「請在黑板上寫下你難以割捨的二十個人的名字。」

女生照做了，她寫下了一連串自己鄰居、朋友和親人的名字。

教授說：「請你劃掉一個這裡面你認為最不重要的人。」女生劃掉了一個她鄰居的名字。

教授又說：「請你再劃掉一個。」女生又劃掉了一個她的同事。

教授再說：「請你再劃掉一個。」女生又劃掉一個……最後，黑板上只剩下了四個人：她的父親、母親、丈夫和孩子。

這時教室裡靜悄悄的，同學們感覺這似乎已不再是一個遊戲了，而特別像一個殘酷的現實。教授平靜地說：「請再劃掉一個。」女生遲疑著，艱難地做著選擇……她舉起粉筆，選擇劃掉了自己父親、母親的名字。

「請再劃掉一個。」教授的聲音再度傳來。

這名女生驚呆了，她顫巍巍地舉起粉筆，緩慢地劃掉了兒子的名字。

她再也忍不住了「哇」的一聲哭了，樣子非常的痛苦。

教授待了一會，等她稍微平靜後問道：「和你最親的人應該是你的父母和你的孩子，因為父母是養育你的人，孩於是你親生的，而丈夫是可以重新去找的，但為什麼他反倒是你最難割捨的人呢？」

同學們靜靜地看著自己那位女同學，等待著她的回答。

女生緩慢而又堅定地說：「雖然丈夫可以重新去找，但隨著時間的推移，父母會先我而去，孩子長大成人後獨立了，肯定也會離我而去，而能真正陪伴我渡過一生的只有我的丈夫！」

「豁達」的感悟

誰是我們一生中最重要的人？這是一個極其殘酷的問題，很多人都無法選擇，無法取捨。無論你選擇了誰，或者捨棄了誰，這都不重要。重要的是，我們能夠心存善良，心存感恩，這就已足夠了。這就是最終的答案。

Part 5

放在心裡是憂鬱，抓在手裡是壓力

不要躺在憂慮的搖椅上

一個二戰期間參加諾曼第戰役的士兵回憶道：

「一九四四年六月初，我躺在奧瑪哈海灘的散兵坑內，我們剛剛登陸諾曼第。我環顧坑內——真的只是地上的一個坑——我對自己說：『實在太像墓穴了』，當我躺下準備睡覺時，真的感覺是在墳墓裡。我不由自主地想：這也許真的就是我的墳墓。晚上十一點左右，德軍開始轟炸，四處炸彈開花，我驚恐莫名。」

「最早的前面的二、三晚，我完全無法入睡。到第四晚和第五晚，我快要崩潰了。我知道再不想辦法，我會發瘋的。我只有提醒自己已經過了五個晚上了，我還沒有死，我的同胞也還活著，只有兩位掛了彩，倒不是因為德軍，而是被我們自己的高炮所傷。我決定做點有意義的事來克服憂慮。於是我為自己的掩體加蓋一層薄木，以免被高炮傷到。我想到我們部隊分散得很廣，只有炸彈直接命中，我才會在坑內被炸死，我估計直接命中的機率只有萬分之一。幾個晚上我都以這種想法度過，我開始定下心來，後來即使在轟炸中，我也能睡得著。」

人的憂慮和煩惱大部分都來自你想像中的那個墓穴，而非現實中的坑。偉大的法國哲學家蒙坦也犯過相同的錯誤。他說，「我的生活中，曾充滿可怕的不幸，而那些不幸大部分都是從來沒有發生過的。」你的生活，我的生活，亦或他的生活，其實都一樣，人們常常會被這些從來沒發生過的不幸所折磨、摧殘，在憂慮的搖椅上誠惶誠恐。

「生活」的感悟

生活一旦籠罩上了憂慮的黑雲，你的精神狀態就會因此而受到摧殘，它就像兩座花園之間的一堵牆壁。隔絕了世界上最美麗的風景，讓你的心在它的重壓下苟延殘喘最後裂成碎片。

莎士比亞曾經說過：「憂慮分割著時季，擾亂著安息，把夜間變為早晨，白天變為黑夜。」

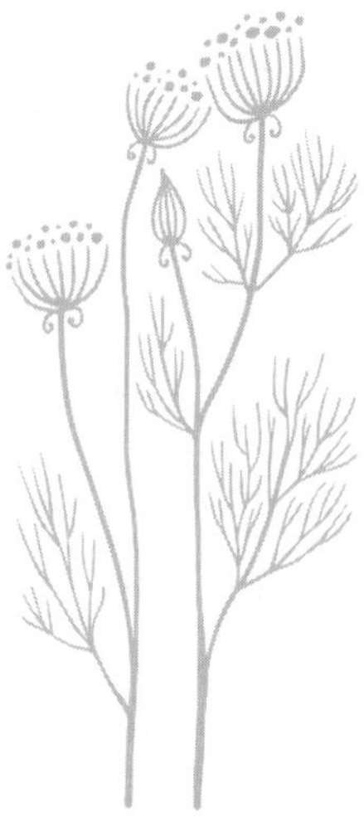

嫉妒是滋養心靈的毒藥

在遠古時代，摩伽陀國有一位國王飼養了一群象，其中有一頭長得很特殊，全身白皙，毛柔細光滑。後來，國王將這頭象交給一位馴象師照顧。這位馴象師不只照顧牠的生活起居，也很用心教牠。

有一年，舉行國家慶典。國王打算騎白象去觀禮，於是馴象師將白象清洗、裝扮了一番，在牠的背上披上一條白毯子後，交給了國王。

國王騎著白象進城看慶典。由於這頭白象實在太漂亮了，民眾都圍攏過來，一邊讚歎、一邊高喊著：「象王！象王！」這時，騎在象背上的國王，覺得所有的光彩都被這頭白象搶走了，心裡十分生氣、嫉妒。

他很快地繞了一圈後，就不悅地返回王宮。一入王宮，他問馴象師：

「這頭白象，有沒有什麼特殊的技藝？」

馴象師問國王：「不知道國王您指的是哪方面？」

國王說：「牠能不能在懸崖邊展現牠的技藝呢？」

馴象師說：「應該可以。」

國王就說：「好。那明天就讓牠在波羅奈國和摩伽陀國相鄰的懸崖上表演。」

隔天，馴象師依約把白象帶到那處懸崖。國王就問：「這頭白象能以三隻腳站立在懸崖邊嗎？」

馴象師說：「這簡單。」他騎上象背，對白象說：「來，用三隻腳站立。」果然，白象立刻就縮起一隻腳。

國王又問：「牠能兩腳懸空，只用兩腳站立嗎？」

「可以。」馴象師就叫牠縮起兩腳，白象很聽話地照做。

國王接著又問：「牠能不能三腳懸空，只用一腳站立？」

馴象師忽然明白國王存心要置白象於死地，就對白象說：「你這次要小心一點，縮起三隻腳，用一隻腳站立。」白象也很謹慎地照做。圍觀的民眾看了，熱烈地為白象鼓掌、喝彩！

國王愈看，心裡愈不平衡，就對馴象師說：「牠能把後腳也縮起，全身懸空嗎？」

這時，馴象師悄悄地對白象說：「國王存心要你的命，我們在這裡會很危險。你就騰空飛到對面的懸崖吧？」不可思議的是這頭白象竟然真的把後腳懸空飛起來，載著馴象師飛越懸崖，進入波羅奈國。

波羅奈國的人民看到白象飛來，全城都歡呼了起來。波羅奈國的國王很高興地問馴象師：「你從哪兒來？為何會騎著白象來到我的國家？」

馴象師便將經過一一告訴國王。國王聽完之後，歎道：「人為何要與一頭象計較、嫉妒呢？」

「生活」的感悟

為人處世一定要有一顆平靜和睦的心，切不可心懷嫉妒。俗話說：「己欲立而立人，己欲達而達人。」別人有所成就，我們不要心存嫉妒，應該要平靜地看待別人所取得的成功，這是擁有幸福人生的秘訣。

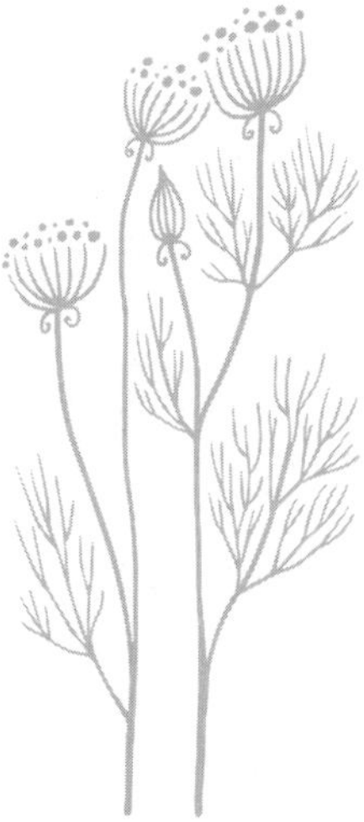

別讓誘惑綁架了我們的心

某個縣城老街上有一家鐵匠鋪，鋪裡住著一位老鐵匠。時代不同了，如今已經沒人再需要他打製的鐵器，所以，現在他的鋪子改賣拴小狗的鏈子。

他的經營方式非常古老和傳統。人坐在門內，貨物擺在門外，不吆喝，不還價，晚上也不收攤。你無論什麼時候從這兒經過，都會看到他在竹椅上躺著，微閉著眼，手裡是一台收音機，旁邊有一把紫砂壺。

當然，他的生意也沒有好壞之說。每天的收入正夠他喝茶和吃飯。他老了，已不再需要多餘的東西，因此他非常滿足。

一天，一個文物商人從老街上經過，偶然間看到老鐵匠身旁的那把紫砂壺，因為那把壺古樸雅致，紫黑如墨，有清代制壺名家戴振公的風格。他走過去，順手端起那把壺。壺嘴內有一記印章，果然是戴振公的。商人驚喜不已，這壺的價值不小啊。商人端著那把壺，想以十萬元的價格買下它，當他說出這個數字時，老鐵匠先是一驚，然後很乾脆地拒絕了，因為這把壺是他爺爺留下的，他們祖孫三代打鐵時都喝這把壺裡的水。

雖然壺沒賣，但商人走後，老鐵匠有生以來第一次失眠了。這把壺他用了近六十年，並且一直以為是把普普通通的壺，現在竟有人要以十萬元的價錢買下它，他回不過神來。

過去他躺在椅子上喝水，都是閉著眼睛把壺放在小桌上，現在他總要坐起來再看一眼，這種生活讓他非常不舒服。特別讓他不能容忍的是，當人們知道他有一把價值連城的茶壺後，來訪者絡繹不絕，有的人打聽還有沒有其他的寶貝，有的甚至開始向他借錢。他的生活被徹底打亂了，他不知該怎樣處置這把壺。當那位商人帶著二十萬現金，再一次登門的時候，老鐵匠沒有說什麼。他招來了左右鄰居，拿起一把斧頭，當眾把紫砂壺砸了個粉碎。

現在，老鐵匠還在賣拴小狗的鏈子，據說現在他已經一百零六歲了。

「人到無求品自高」，人無欲則剛，人無欲則明。無欲能使人在障眼的迷霧中辨明方向，也能使人在誘惑面前保持自己的人格和清醒的頭腦，不喪失自我。在這個充滿誘惑的花花世界裡，要想真正做到沒有一絲慾望，像水一般平平淡淡毫無牽掛的確很難。

「生活」的感悟

要想做到「無欲」，首先要有一顆靜如止水的心。不受到外界事物打擾，好好地堅持走正確的道路，正確地思考和行動，就能消除你的慾望，心淡如水是生命褪去了浮華之後，對生活中那些細微處的感動。

生活在完全獨立的今天裡

愛德華·依文斯生長在一個貧苦的家庭，先是靠賣報來賺錢，然後在一家雜貨店當店員。

後來，因為家裡有七口人要靠他吃飯，他就謀到一個當助理圖書管理員的職位，薪水很低，他卻不敢辭職。八年以後，他才鼓起勇氣開始他自己的事業。

一開始，就用借來的五十五元錢，發展成一個大的事業，一年賺了二萬美元。

不料，厄運降臨了，很可怕的厄運：他替一個朋友支付一張面額很大的支票，但那位朋友卻破產了。禍不單行，災難接踵而來，那家存著他全部財產的大銀行垮了，他不但損失了所有的錢，而且還負債一萬六千萬元。他受不住這樣的打擊。

「我吃不下，睡不著，」他說，「我開始生起奇怪的病來。」

「沒有別的病因，只是因為擔憂。有一天，我走在路上的時候，突然昏倒在路邊，以後就再也不能走路了。他們讓我躺在床上，我的全身都爛了，連躺在床上都受不了。我的身體越來越弱，最後醫生告訴我，我只能再活兩個禮拜了。

我大吃一驚，寫好我的遺囑，然後躺在床上等死，掙扎或是擔憂已經都沒有用了，我放棄了，也放鬆下來，閉目休息。連續好幾個禮拜，我幾乎沒辦法連續睡兩個小時以上。

可是後來，因這一切困難很快就結束了，我反而睡得像個小孩似的安穩。那些令人疲倦的憂慮漸漸地消失了，我的胃口恢復了，體重也開始增加。」

「幾個禮拜以後，我就能撐著拐杖走路。六個禮拜過去了，我又能回去工作了。我以前一年曾賺過兩萬塊錢，可現在能找到一個禮拜三十塊錢的工作，就已經謝天謝地了。

我的工作是推銷用船運送汽車時放在輪子後面的擋板。這時我已經學會了不再憂慮，不再為過去發生過的事情後悔，也不再為將來憂慮。我把所有的時間、精力和熱忱，都放在了推銷擋板上。」

愛德華·依文斯的進展很快，不到幾年，他已是依文斯工業公司的董事長。多年來，這家公司一直是紐約股票交易所的常客。如果你乘坐飛機到格陵蘭去，很可能會降落在依文斯機場——這是為了紀念他而命名的飛機場。如果不是學會「生活在完全獨立的今天裡」的話，愛德華·依文斯絕不可能獲得這樣的成果。

「生活」的感悟

古羅馬詩人何瑞斯寫道：「這個人很歡樂，也只有他能歡樂，因為他能把今天稱之為自己的一天。他在今天裡能感到安全，能夠說：不管明天會多麼糟，我已經過了今天。」人性中最可憐的一件事就是，我們所有的人，都拖延著不去生活，只擔憂著天邊堆積的烏雲，而不去欣賞今天開放在視窗的玫瑰。對於一個聰明人來說，每次只要活一天，每一天都是一個新的生命，絕不會在旭日東昇時為黃昏的暮景發愁。

用簡單平息無休止的喧囂

我們大多數人的一生就是為慾望所左右，浪費在衣、食、住、行之類的瑣事中，失去了原來的天性。古希臘哲學家戴奧吉尼斯反對人們無休止地追逐慾望，崇尚簡單自然的生活。

戴奧吉尼斯在市場裡放了一個大木桶，他晚上就睡在那裡面。有人指責他生活在骯髒的環境中，他回答說：「太陽也光顧臭水溝，卻從未被玷污。」

有一天，戴奧吉尼斯看到過路人用手捧水喝，於是他把水杯摔碎了。又有一天，他看到別人用麵包片卷著菜吃，他就把飯碗扔了。戴奧吉尼斯拋棄了所有不必要的財產，只留下一根拐杖、一件破衣服和一個討飯袋。

據說，戴奧吉尼斯「像狗一樣」活到了八十多歲。他的門徒在他的墳墓上立了一座狗的雕像，紀念他自由的一生。對於戴奧吉尼斯來說，什麼是有意義的生活？自然的生活，不為財富和慾望所累的生活。

戴奧吉尼斯用自己的實際行動向人們闡釋了什麼才是真正的生活。他無所欲求，餓了就吃、渴了就喝、累了就睡，不追求身外之物。他追求的是自然地生活，拋開那些造作虛偽的習俗，擺脫那些繁文縟節和奢侈享受，不被東西束縛，才能獲得心靈的自由。

對一個純粹的人來說，所需並不多。縱使良田萬頃，廣廈千間，一個人一輩子能享受的東西又有多少？

生活的是否幸福又怎能由物質財富決定？對於物質財富，人們的慾望是無窮的，難以滿足。為了獲得盡可能多的財富，有的人甚至不惜鋌而走險。

「生活」的感悟

簡單，是平息外部無休無止的喧囂，回歸內在自我的唯一途徑。外界生活的簡樸將帶給我們內心世界的豐富。自由自在的生活在人世間，為每一次日出、草木無聲的生長而欣喜不已，不在生活的表面遊蕩不定，而是深入進去，聆聽生活本質的呼喚，讓生活變得更有意義。

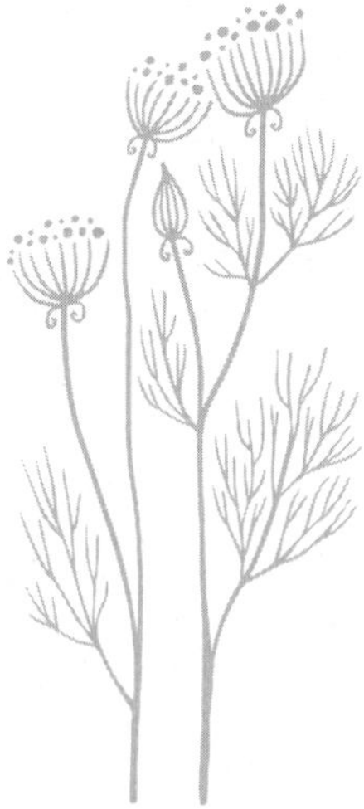

禍福悲喜都是自己造成的

多年以前，有一個女孩因為錯手傷了人而坐牢了，儘管後來被釋放，她仍然很痛苦，就到教堂禱告，希望上帝能夠分擔她的痛苦。看到女孩一臉悲傷，一位牧師問她發生了什麼事。這個女孩哭了，她泣不成聲地說：「我好慘啊，我多麼的不幸啊，我這一輩子都忘不了這件事情了……」

聽罷她的陳述，牧師對她說：「這位小姐，你是你自願坐牢的。」

這個女孩被牧師的這句話嚇了一跳，說：「你說什麼？我怎麼可能自願坐牢？」

牧師對她說：「你儘管已經從監獄裡出來了，但在你的心裡，天天心甘情願地被關在牢裡，那你不是自願坐在心中的牢獄裡嗎？」

「這是什麼意思呢？」女孩不解地問。

「在你身邊發生了一件不好的事情，你好像看了一場不好的電影一樣，天天在回想，這不是很笨的事情嗎？這與重蹈覆轍有什麼區別呢？你改變不了環境，但你可以改變自己；你改變不了事實，但你可以改變態度；你改變不了過去，但你可以改變現在；你不能控制他人，但你可以掌握自己；你不能預知明天，但你可以把握今天；你不可能樣樣順利，但你可以事事盡心；你不能延伸生命的長度，但你可以決定生命的寬度；你不能左右天氣，但你可以改變心情……」

如果你遇到了挫折，遭遇了失敗，心情低落到了極點，情緒壞到了不能再壞的地步，那麼請先讓自己冷靜下來，鋪開一張紙，把自己的快樂與不快樂都列在這張清單上。你就會發現，讓你快樂的理由遠遠大於悲傷和難過的。

「生活」的感悟

生活本來就不容易，如果我們還不釋懷，無疑是為自己的心靈加上枷鎖。每天都要面對那麼多無法預測的事情，還要承受自己製造的不快樂，這本身難道不是一種愚蠢的行為嗎？

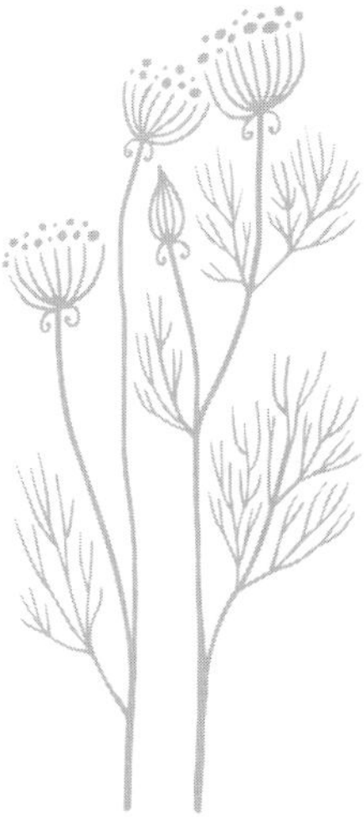

內心清淨，處處有淨土

佛教傳說中，佛陀出生即能行走，每走一步，腳下便湧現出朵朵金蓮。蓮花在佛教中有其特殊的意義，「佛祖慈悲懷，蓮花朵朵開」，其實，我們每個人心裡都有一朵聖潔的蓮花，也都有品性潔淨的內心。把握這份心，就有機會取得幸福的關照，從而永遠脫離世間的痛苦，得到永恆的快樂。

有位信徒問無德禪師說：「同樣一顆心，為什麼心量有大小的分別呢？」

禪師並未直接作答，告訴信徒說：「請你將眼睛閉起來，默造一座城垣。」

於是信徒閉目冥思，心中構想了一座城垣。信徒說：「城垣造完了。」

禪師說：「請你再閉眼默造一根毫毛。」

信徒又照樣在心中造了一根毫毛。信徒說：「毫毛造完了。」

禪師問：「當你造城垣時，是否只用你一個人的心去造？還是借用別人的心共同去造呢？」

信徒回答：「只用我一個人的心去造。」

禪師問：「當你造毫毛時，是否用你全部的心去造？還是只用了一部分的心去造呢？」

信徒回答：「用全部的心去造。」

於是禪師就對信徒開示：「你造一座大的城垣，只用一個心；造一根小的毫毛，還是用一個心，可見你的心是能大能小啊！」

「生活」的感悟

紛亂的俗世，總有些不盡如人意之處，有權的將權力為己所用，有錢的花天酒地縱情揮霍，有色的賣弄青春不知老之將至。所謂「心生則種種法生，法生則種種心生」，既然境由心造，何不在自己的內心掘一座蓮池，青蓮開則淨土在；亦可造一座花園，滿園玫瑰芬芳之時，於己賞心悅目，送人則手有餘香。

想開了，人生處處是天堂

在一條河的一邊住著凡夫俗子，另一邊住著僧人。凡夫俗子看到僧人每天無憂無慮，只是誦經撞鐘，十分羨慕他們；僧人看到凡夫俗子每天日出而作，日落而息，也十分嚮往那樣的生活。

日子久了，他們都各自在心中渴望著：到對岸去。一天，凡夫俗子和僧人達成了協定。於是，凡夫俗子過起了僧人的生活，僧人過上了凡夫俗子的日子。

幾個月過去了，成了僧人的凡夫俗子發現，原來僧人的日子並不好過，悠閒自在的日子只會讓他們感到無所適從，便又懷念起以前當凡夫俗子時的生活來。

成了凡夫俗子的僧人也體會到，他們根本無法忍受世間的種種煩惱、辛勞、困惑，於是也想起做和尚的種種好處。

又過了一段日子，他們各自心中又開始渴望：到對岸去。

你眼中的他人的快樂，並非真實生活的全部。每個生命都有欠缺，不必與人作無謂的比較，珍惜自己所擁有的一切就好。

人生如海，潮起潮落，既有春風得意、高潮迭起的快樂，也有萬念俱灰、惆悵漠然的淒苦。

如果把人生的旅途描繪成圖，那一定是高低起伏的曲線。「人生得意須盡歡，莫使金樽空對月。」當你快樂時，不妨盡情享受快樂，珍惜你所擁有的一切。而當生活的痛苦和不幸降臨到你身上時，你也不要怨歎、悲泣，哪怕只剩下一個酸檸檬，也可以做一杯檸檬汁。

「生活」的感悟

生於塵世，每個人都不可避免要經歷苦雨淒風，面對艱難困苦，想開了就是天堂，想不開就是地獄。而積極樂觀的心態就是一副良藥，癒合你的傷口，懷著新的希望上路。

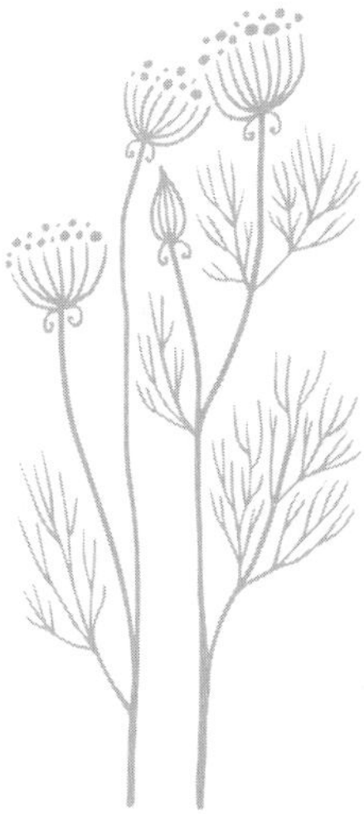

放棄，另一個生命歷程的開端

著名詩人李白曾有過「仰天大笑出門去，我輩豈是蓬萊人」的名句，瀟灑傲岸之中，透出自己建功立業的豪情壯志。憑藉生花妙筆，他很快名揚天下，榮登翰林學士這一古代文人夢寐以求的事業巔峰。

但是一段時間之後，他發現自己不過是替皇上點綴升平的御用文人。這時的李白就面臨一個選擇：是繼續安享榮華富貴，還是走向江湖窮困潦倒。以自己的追求目標作衡量標準，李白毅然選擇了「安能摧眉折腰事權貴，使我不得開心顏」，棄官而去。

一些看似無謂的選擇其實是奠定我們一生重大抉擇的基礎，古人云：「不積跬步，無以至千里；不積小流，無以成江海。」無論多麼遠大的理想，偉大的事業，都必須從小處做起，從平凡處做起，所以對於看似瑣碎的選擇，也要慎重對待，考慮選擇的結果是否有益於自己遠大目標的實現。

一隻老鷹被人鎖著。牠見到一隻小鳥唱著歌兒從牠身旁掠過，想到自己卻……於是牠用盡全身的力量，掙脫了鎖鏈，可牠也掙折了自己的翅膀。牠用折斷的翅膀飛翔著，沒飛幾步，牠那血淋淋的身軀還是不得不栽落在地上。

老鷹嚮往小鳥的自由，掙脫了鎖鏈，卻犧牲了自己的翅膀。自由的代價原來是犧牲自己的翅膀，也犧牲了自由。

自由和鎖鏈本來就是孿生兄弟。「不自由，毋寧死」。自由是人生的最高境界，提起自由，人們無不為之悠然神往。然而在現實生活當中，自由似乎都被鎖鏈拴扣著。可飛翔的老鷹掙脫有形的鎖鏈之後，卻不知自己又被內心的慾望這條無形的鎖鏈鎖著。當它餓了、渴了，回到的還是那張羅網之中。

「生活」的感悟

不放棄眼前的熱烈，就無法享受花前月下的溫馨……生活給予我們每個人的都是一座豐富的寶庫，但是只有學會放棄，選擇適合自己應該擁有的，才能真正地享受生命，否則，生命將難以承受。

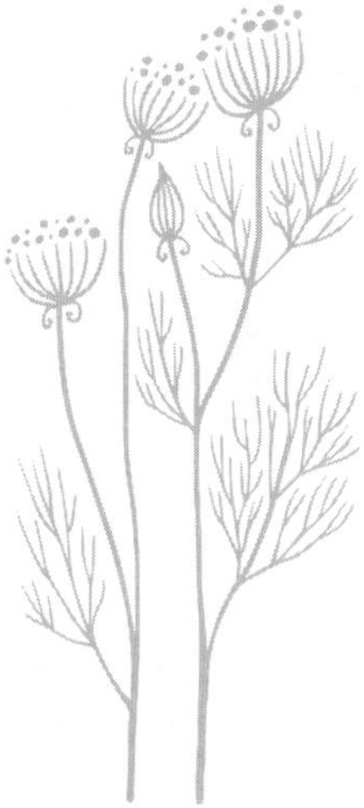

Part 6

打開心田，
喚醒生命的喜悅

不要把自己囚禁在眼前的苦痛中

在一座偏僻遙遠的山谷裡的斷崖上，不知何時，長出了一株小小的百合。它剛誕生的時候，長得和野草一模一樣，但是，它心裡知道自己並不是一株野草。

它的內心深處，有一個純潔的念頭：「我是一株百合，不是一株野草。唯一能證明我是百合的方法，就是開出美麗的花朵。」它努力地吸收水分和陽光，深深地紮根，直直地挺著胸膛，對附近的雜草置之不理。

在野草和蜂蝶的鄙夷下，百合努力地釋放內心的能量。百合說：「我要開花，是因為知道自己有美麗的花；我要開花，是為了完成作為一株花的莊嚴使命；我要開花，是由於自己喜歡以花來證明自己的存在。不管你們怎樣看我，我都要開花！」

終於，它開花了。它那靈性的白和秀挺的風姿，成為斷崖上最美麗的風景。年年春天，百合努力地開花、結籽，最後，這裡被稱為「百合谷地」。因為這裡到處是潔白的百合。

我們生活在一個競爭十分激烈的社會，有時在某方面一時落後，有時困難重重，有時失敗連連，甚至有時被人嘲笑……無論什麼時候，我們都不能放棄努力；無論什麼時候，我們都應該像那株百合一樣，為自己播下希望的種子。

暫時的落後一點都不可怕，自卑的心理才是可怕的。人生的不如意、挫折、失敗對人是一種考驗，是一種學習，是一種財富。

我們要牢記「勤能補拙」，既能正確認識自己的不足，又能放下包袱，以最大的決心和最頑強的毅力克服這些不足，彌補這些缺陷。人的缺陷不是不能改變，而是看你願不願意改變。只要下定決心，講究方法，就可以彌補自己的不足。

「幸福」的感悟

生活並非總是豔陽高照，狂風暴雨隨時都有可能來臨。但是每一個人都需要將自己重新打理一下，以一種勇敢的人生姿態去迎接命運的挑戰。

遵從你歡愉的本性生活

有一位對生活極度厭倦的絕望少女，她打算以投湖的方式自殺。恰巧湖邊有一位老畫家專心致志地畫著一幅畫。少女鄙薄地看了老畫家一眼心想：那鬼一樣猙獰的山有什麼好畫的！那墳場一樣荒廢的湖有什麼好畫的！

老畫家似乎注意到了少女的存在和情緒，他依然專心致志、神情怡然地畫，一會兒，他說：「姑娘，來看看畫吧。」

她走過去，傲慢地睨視著老畫家和他手裡的畫。

少女被吸引了，竟然將自殺的事忘得一乾二淨。她從沒發現過世界上還有那樣美麗的畫面——他將「墳場一樣」的湖面畫成了天上的宮殿，將「鬼一樣猙獰」的山畫成了美麗的、長著翅膀的女人，最後將這幅畫命名為「生活」。

少女的身體在變輕，在飄浮，她感到自己就是那嫋嫋婀娜的雲……

良久，老畫家突然揮筆在這幅美麗的畫上點了一些黑點，似污泥，又像蚊蠅。少女驚喜地說：星辰和花瓣！

老畫家滿意地笑了：「是啊，美麗的生活是需要我們自己用心發現的呀！」

其實少女和老畫家看到的景色並沒有根本的區別，僅僅是當時的心態有所不同。

悲觀失望的人在挫折面前，會陷入不能自拔的困境；樂觀向上的人即使在絕境之中，也能看到一線生機，並為此努力。

有位詩人曾經說過：「即使到了我生命的最後一天，我也要像太陽一樣，總是面對著事物光明的一面。」這樣的人到處都有明媚宜人的陽光，一路縱情歌唱，跳動的心靈一刻都不曾沮喪悲觀：不管他從事什麼行業，他都會覺得工作很重要、很體面；即使衣衫襤褸不堪，也無礙於他的尊嚴；他不僅自己感到快樂，也給別人帶來快樂。

「幸福」的感悟

人的本性不是在痛苦裡絕望，而是要懂得在絕望裡找到希望，我們都應該遵循這一本性，做一個遵從歡愉本性的人。

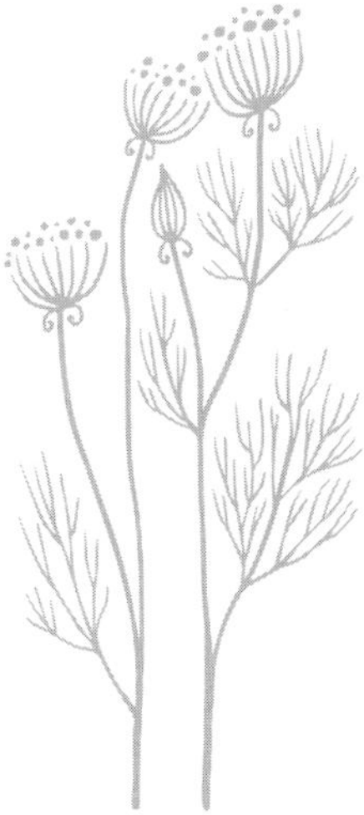

釋放你的熱情，吸引快樂

日本有一家叫木村的事務所，有一年想買近郊的一塊地皮用於建造新廠。這塊地皮也同時被另外幾家公司看中了，都競相購買。可是前後半年時間內，這幾家公司的董事長，不知費了多少口舌，也沒有誰能說動那個地皮主人、倔強的老婆婆。

一個下雪天，老婆婆來城裡辦事，順便來到木村事務所。她的本意是想最後再見一次董事長，並告訴他，「死了買這塊地皮的心」。

她推門一看，屋裡的地板光彩照人，就在她猶豫不決的時候，一個年輕的小姐出現在她的面前。「歡迎光臨」，小姐一下子看出了老人的窘態，便想找一雙拖鞋給她換上，不巧，屋裡正好沒有，小姐便毫不猶豫地把自己穿的拖鞋脫下來，整齊地擺在老人的面前，微笑著說：「很抱歉，請穿上這個好嗎？」老人看著小姐雙腳踩在冰冷的地板上，有些過意不去。小姐卻熱情地說：「別客氣，請穿吧，我沒什麼關係。」

等老人穿好拖鞋，小姐才問道：「老人家，您要找誰呢？」「哦，我要見木村先生。」「他在樓上，我帶您去見他。」小姐就像女兒攙扶母親那樣精心地扶著老人上了樓。老太太感覺腳下的拖鞋是溫暖的，而更使她感到溫暖的是這個素不相識的女孩。

突然間，老太太恍然大悟了：「是啊，人不能光顧自己的利益，也應該為別人著想呀！」

於是，就在她走進木村董事長辦公室的一瞬間，她改變了主意，決定把那塊受到眾人矚目的地皮賣給木村事務所。她告訴董事長說：「在我漫長的一生裡，遇到的絕大多數人是冷漠的，我也去過其他幾家要買地的公司，接待的人沒有一個像你這裡的小姐對我這麼熱情，你的女職員年紀那麼輕，就對人那麼友愛，那麼誠懇，給了我無限的溫暖。真的，我不是為了錢才賣地的。」

就這樣，一個大企業家傾其全力交涉半年也徒勞無功的事情，竟因一個女職員的熱情舉動而無意間促成了。世界從來就有美麗和興奮的存在，它本身就是如此動人，如此令人神往，所以我們必須對它敏感，永遠不要讓自己感覺遲鈍、嗅覺不靈，永遠也不要讓自己失去那份應有的熱情。

「幸福」的感悟

熱情是富足的陽光，它可以化腐朽為神奇，給你溫暖，給你自信，讓你對世界充滿愛。

遠離自私，開放快樂之門

貝爾太太是美國一位有錢的貴婦，她在亞特蘭大城外修了一座花園。花園又大又美，吸引了許多遊客，他們毫無顧忌地跑到貝爾太太的花園裡遊玩。

年輕人在綠草如茵的草坪上跳起了歡快的舞蹈；小孩子跑進花叢中捕捉蝴蝶；老人蹲在池塘邊垂釣；有人甚至在花園當中支起了帳篷，打算在此過他們浪漫的盛夏之夜。

貝爾太太站在窗前，看著這群快樂得忘乎所以的人們，看著他們在屬於她的園子裡盡情地唱歌、跳舞、歡笑。她越看越生氣，就叫僕人在園門外掛了一塊牌子，上面寫著：私人花園，未經允許，請勿入內。可是這一點也不管用，那些人還是成群結隊地走進花園遊玩。貝爾太太只好讓她的僕人前去阻攔，結果發生了爭執，有人竟拆走了花園的籬笆牆。

後來貝爾太太想出了一個絕妙的主意，她讓僕人把園門外的那塊牌子取下來，換上了一塊新牌子，上面寫著：歡迎你們、來此遊玩，為了安全起見，本園的主人特別提醒大家，花園的草叢中有一種毒蛇。如果哪位不慎被蛇咬傷，請在半小時內採取緊急救治措施，否則性命難保。最後告訴大家，離此地最近的一家醫院在威爾鎮，驅車大約五十分鐘即到。

這真是一個絕妙的主意，那些貪玩的遊客看了這塊牌子後，對這座美麗的花園望而卻步了。

可是幾年後，有人再往貝爾太太的花園去，卻發現那裡因為園子太大，走動的人太少而真的雜草叢生，毒蛇橫行，幾乎荒蕪了。孤獨、寂寞的貝爾太太守著她的大花園，她非常懷念那些曾經來她的園子裡玩的快樂的遊客。

貝爾太太用一塊牌子為自己築了一道特別的「籬笆牆」，隨時防範別人的靠近。這道看不見的籬笆牆就是自我封閉。

自我封閉就是把自我局限在一個狹小的圈子裡，隔絕與外界的交流與接觸。自我封閉的人就像契訶夫筆下的裝在套子中的人一樣，把自己嚴嚴實實包裹起來，因此很容易陷入孤獨與寂寞之中。自我封閉的後果是什麼呢？在封閉自己的同時，也把快樂和幸福封閉在外面。

自私是人的本性，但是我們要知道，我們在社會中，就是社會性動物，沒有誰能夠獨立生活。人與人之間少不了交往，我們也總有用到別人幫忙的時候。

所以，不要吝嗇分享你的東西，有時只是一杯小小的可樂，都可以讓你擁有一個朋友。

「幸福」的感悟

我們每個人心中都有一座美麗的大花園。如果我們願意讓別人在此種植快樂，同時也讓這份快樂滋潤自己，那麼我們心靈的花園就永遠不會荒蕪。

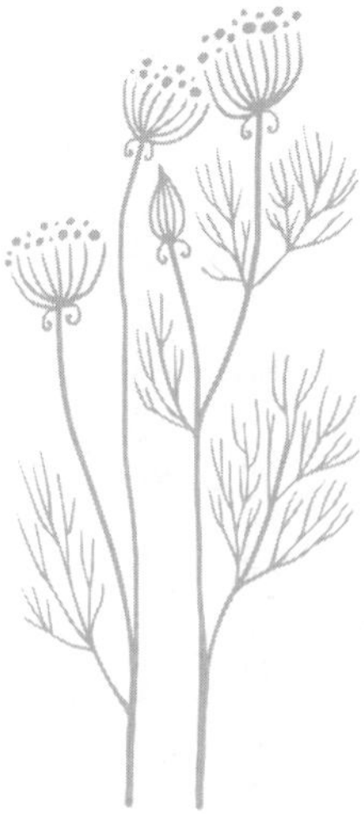

愉悅的心情是最好的化妝品

從前，有一個青年以製造面具為生。

有一天，他的一位遠方朋友來訪，見面就問他：「你近來臉色不大好。到底是什麼事使你生氣呢？」

「沒有呀！」

「真的嗎？」他的朋友好像不大相信，也就回去了。

過了半年，那位朋友再度來訪，見面就說：「你今天的臉色特別好，和從前完全不同，有什麼事情使你這麼高興啊？」

「沒有呀！」他還是這麼回答。

「不可能的，一定有原因。」他的朋友說道。

在他們交談後，這個青年才想起，原來半年前，他正忙著做魔鬼、強盜等兇殘的假面具，做的時候心裡總是在想咬牙切齒、怒目相視的面相，因此自然也表露在臉上了；而最近，他正在製造慈眉善目的假面具，心裡所想的，都是可愛的笑容，臉上自然也顯得柔和了。

好心情是一種萬能劑：可以讓自己的煩惱煙消雲散；可以消除你全身的困乏；可以消除人際的緊張局勢；可以傳遞出一種令人會意的情感；也能給他人留下良好的第一印象……

好心情就是你好意的信使，好心情令你笑口常開。同時，你的笑容能照亮所有看到它的人。對於那些整天都皺眉頭、愁容滿面、對一切視若無睹的人來說，你的笑容就像穿過烏雲的太陽，一個笑容能幫助他們瞭解一切都是有希望的，瞭解世界是有歡樂的。

「幸福」的感悟

好心情是一種生活態度，是一種處世的法則，同時也是一種美容方法。愉悅的心情是人生最好的化妝品。一個人每天保持輕鬆快樂的心情，就是對心靈最好的滋養。

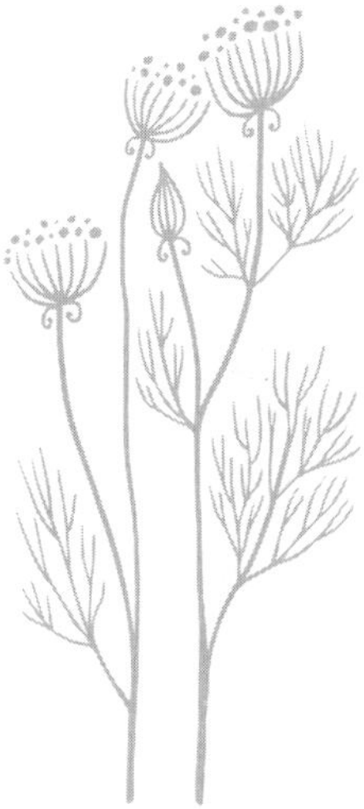

欣然接受生命的雕琢

深山裡有兩塊石頭，第一塊石頭對第二塊石頭說：「去經一經路途的艱險坎坷和世事的磕磕碰碰吧，能夠搏一搏，不枉來此世一遭。」

「不，何苦呢？」第二塊石頭嗤之以鼻，「安坐高處一覽眾山小，周圍花團錦簇，誰會那麼愚蠢地在享樂和磨難之間選擇後者。再說那路途的艱險磨難會讓我粉身碎骨的！」

於是，第一塊石頭隨山溪滾湧而下，歷盡了風雨和大自然的磨難，它依然義無反顧執著地在自己的路途上奔波。第二塊石頭譏諷地笑了，它在高山上享受著安逸和幸福，享受著周圍花草簇擁的暢意抒懷，享受著盤古開天闢地時留下的那些美好的景觀。

許多年以後，飽經風霜、歷盡塵世之千錘百煉的第一塊石頭和它的家族已經成了世間的珍品、石藝的奇葩，被千萬人讚美稱頌，享盡了人間的富貴榮華。

第二塊石頭知道後，有些後悔當初，現在它想投入到世間風塵的洗禮中，然後得到像第一塊石頭那樣擁有的成功和高貴。可是一想到要經歷那麼多的坎坷和磨難，甚至瘡痍滿目、傷痕累累，還有粉身碎骨的危險，它便又退縮了。

一天，人們為了更好地珍存那石藝的奇葩，準備為它修建一座精美別致、氣勢雄偉的博物館。建造材料全部用石頭，於是，他們來到高山上，把第二塊石頭粉了身、碎了骨，給第一塊石頭蓋起了房子。

第一塊石頭，選擇了艱難坎坷，懂得放棄享樂，所以它成了珍品，成了石藝的奇葩；只可惜第二塊石頭，不僅最後落得粉身碎骨的下場，而且成了廢物。做人就像第一塊石頭一樣，只有經過生活得雕琢，歷經千辛萬苦，才能成為「珍品」。痛苦並非壞事，除非痛苦征服了我們。困難與折磨對於人來說，是一把打向坯料的錘，打掉的應該是脆弱的鐵屑，鍛成的將是鋒利的鋼刀。

「幸福」的感悟

一個人要想讓自己的人生有所轉機，就必須懂得接受生活的雕琢，甚至自己對自己進行雕琢。因為有時一個懸崖，就是一片蔚藍的天空。

放下負擔，才能找到快樂

過去有一個人出門辦事，跋山涉水，好不辛苦。有一次經過險峻的懸崖，一不小心掉到深谷裡去。

此人眼看生命危在旦夕，雙手在空中攀抓，剛好抓住崖壁上枯樹的老枝，總算保住了性命，但是人懸蕩在半空中，上下不得，正在進退維谷、不知如何是好的時候，忽然看到慈悲的佛陀，站立在懸崖上慈祥的看著自己，此人如見救星般，趕快求佛陀說：「佛陀！求求您慈悲，救我吧！」

「我救你可以，但是你要聽我的話，我才有辦法救你上來。」佛陀慈祥地說。

「佛陀！到了這種地步，我怎敢不聽你的話呢？隨你說什麼？我全都聽你的。」

「好吧！那麼請你把攀住樹枝的手放下！」

此人一聽，心想，把手一放，勢必掉到萬丈深坑，跌得粉身碎骨，哪裡還保得住性命？因此更加抓緊樹枝不放，佛陀看到此人執迷不悟，只好離去。

我們想明心見性，就要遵循佛陀的指示，把手放下來。在懸岸的地方，把手放下來才能得救，否則拼命執著，怎好救你脫離險境呢？

人生在世，有太多的放不下。如果我們都像佛陀指示的那樣能夠放下，便不失為一條幸福解脫之道。而禪的宗旨，就是要我們對一切既要提得起，更要放得下。

有一寡婦，丈夫早亡，她以教書賺錢撫養小兒，不但撫養兒子長大成人，而且送他到國外留學。兒子完成學業後，留在國外上班、賺錢、買房子，也在國外娶老婆生子，建立美滿家庭和輝煌的事業。

寡婦得知兒子的成就與志願，心中暗自竊喜，盤算著退休後，帶著退休金前往美國與兒子一家人團圓。每天早晨可以到公園散步，也可以在家享受晚年、享受含飴弄孫之樂。

就在距離退休不到三個月的時候，她寫了一封信給她的兒子，告訴他過些時候她就要飛往美國和他們一家團聚。

一想到養兒防老，想到親戚朋友羨慕的眼光，又算算自己很快就要到美國養老，不覺心中喜悅陣陣。於是，她一面等待兒子的回音，一面把在臺灣的產業、事務逐一處理。

在她退休的前夕，她接到兒子從美國寄來的一封回信。信一打開，有一張支票掉落下來。

她撿起來一看，是一張三萬美元的支票。她覺得很奇怪，兒子從來不寄錢給她，而且自己就要到美國去了，怎麼還寄支票來？莫非是要給她買機票用的？

她心中一陣喜悅，趕緊去讀信。只見信上寫到：「媽媽！我們經過討論決定不歡迎你來美國同住。如果你認為對我有養育之恩，以市價計算，約為兩萬多元美金，現在我添了些，寄上一張三萬元美金的支票給你，希望你以後不要再寫信來。」

母親讀完信，老淚縱橫，只覺得一生守寡，從此老年淒涼，如風中殘燭，情何以堪！

痛定思痛的她，忽然想通了。退休後，想到無事一身輕，於是拿著這張支票兌換成台幣，為自己規劃一趟環遊世界之旅。

在旅行中，她見到大地之美，看到各國不同的民情，於是她又寄了一封信給她的兒子。信上寫到：「你要我別再寫信給你，那麼這封信就當做是以前所寫的信的補充文字好了。」

「我收到了你寄來的支票，用這張支票上的錢規劃了一次成功的世界之旅。在旅行中，我忽然覺悟。我非常感謝你，感謝你讓我懂得放寬自己的胸襟，讓我看到天地之大，大自然之美。」

人要能看破人與人之間聚散的因緣，才能讓自己在緣散時保持一份瀟灑。寡婦若執於兒子不孝，不能看開此段即將消逝的母子因緣，必然心中怒不可遏，一旦怒氣難消，必因怒恨攻心而生病，病到後來死了，也只在當時留下一段人間不平事。

幾年後煙消雲散，誰還會去憑弔這段往事，且早已在世人的善變下消失記憶。如此，這段往事又有什麼意義可言？

「幸福」的感悟

心靈的自主和快樂是生活的磐石，它是思考醒悟的結晶，它源於佛家的「無所往而生其心」。人生中本來就有許多的憂愁煩惱，如果自己一直惴惴於心，就會將自己累垮。只有善於把強加於身的負擔放下來，才能找到真正的快樂，從而真正地做到「寵辱不驚，看庭前花開花落；去留無意，望天空雲卷雲舒。」

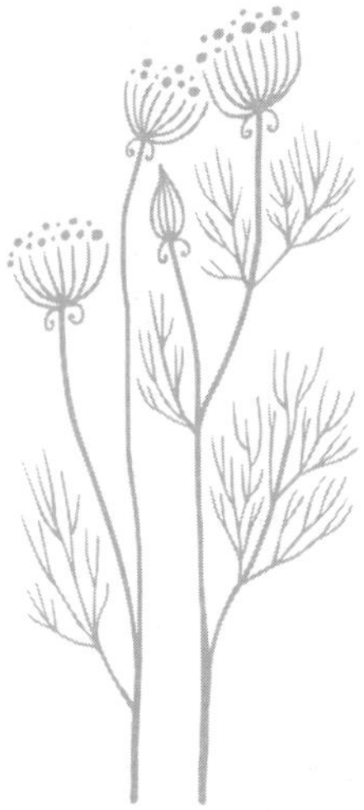

對於某些人來說，淺薄也是一種快樂

被稱為二十世紀英國最著名的「用嘴巴思考」的英國思想家柏林，在論戰中渡過了激烈的一生。一直老到九十七歲，他才十分不情願地去世了。在過去的將近一個世紀中，從死去的康得、馬克斯・韋伯到活著的哈耶克、維特根斯坦、維柯，無一不成為他攻擊的目標。然而，每一次論戰又都落了同一個下場：柏林以他的偏執，再一次證明了對手的偉大和高遠。

但是，數十年來柏林永遠是一副洋洋自得的樣子。

一九五七年，英國王室授予柏林勳爵的頭銜。在晚會上，他的一位女友當面諷刺他說，女王的這個爵位是為了表彰他「對於談話的貢獻」而頒發的。這一刻，旁邊的紳士們臉色都變了，唯有柏林還是一派好心情的模樣。

晚年，為柏林寫傳記的作者伊格納蒂夫忍不住問柏林：「你為什麼可以活得如此安詳愉快？」老柏林見左右空無一人，便俯下身子，低聲回答說，他的愉快來自淺薄，「別人不曉得我總是生活在表層。」

這就是柏林快樂的秘訣。

「幸福」的感悟

高深雖然是有學識的一種表現，但卻未必是一種快樂。因為高深要經過辛勞的努力與痛苦的思索，如果硬要說是一種快樂，也只能是「痛並快樂著」。相比而言，淺薄雖然容易別人瞧不起，但只要有良好的心態，那才是一種真真正正的快樂。

無論什麼情況，都可以活得很快樂

一次機器故障導致工作中的比爾右眼被擊傷，搶救後還是沒有保住，醫生摘除了他的右眼球。

十分樂觀的比爾，因為這次事故卻成了一個沈默寡言的人。他討厭上街，因為總是有許多人看他，看他的眼睛。

他的病假一再被延長，他的妻子負擔起了家庭的所有開支，而且還要在晚上做其他兼職，她很愛這個家，愛著自己的丈夫。

妻子認為丈夫心中的自卑總有一天會消除的，那只是時間問題。但糟糕的是，比爾的左眼的視力也受到了影響。

在一個陽光燦爛的早晨，比爾問妻子誰在他家的院子裡踢球時，妻子吃驚地看著自己的丈夫和正在踢球的兒子。

以前，兒子即使在更遠的地方踢球，他也能看出來。妻子什麼也沒有說，只是走到丈夫的身邊，輕輕抱住他的頭。

比爾知道了結果，並說：「親愛的，我已經意識到以後會發生什麼。」妻子的淚就流下來了。其實這種後果已居妻子的意料之中了，只是她怕丈夫受不了這種打擊，請求醫生不要告訴他。

妻子知道比爾很快就見不到光明了，她想為丈夫多下點能看到的美麗。她每天把自己和兒子打扮得漂漂亮亮，還經常去美容院，在比爾面前，不論她心裡多麼悲傷，她總是努力微笑。

這是妻子在比爾能看到的時候讓他看到的。

一天，比爾說：「親愛的，我發現你新買的套裙那麼舊呢？」

妻子冷靜的說：「是嗎？」她奔到一個不在比爾的視線的角落裡，哭了。因為她那件套裙的顏色在大陽底下絢麗奪目。妻子想，還能為丈夫留下什麼呢？

妻子想把傢俱和牆壁粉刷一遍，並請了一個油漆匠，她想讓比爾的心中永遠是一個新家。

油漆匠每天快樂的工作著，一邊幹活還一邊吹著口哨。一個星期把所有的傢俱和牆壁刷好了，他也瞭解了比爾的情況。

油漆匠對比爾說：「對不起，我做得很慢。」

比爾說：「你每天都那麼開心，我也為此感到快樂。」

算工錢的時候，油漆匠少算了一百美元。妻子和比爾說：「你少算了工錢。」

油漆匠說：「我已經多拿了，一個等待失明的人還那麼平靜，你告訴了我什麼叫勇氣。」

但比爾卻堅持要多給油漆匠一百美元，比爾說：「你也多給了我一份，知道了原來殘疾人也可以自食其力生活得很快樂。」

原來，油漆匠只有一隻手。

「幸福」的感悟

在遭遇挫折和不幸時，不要對生活失去信心，更不要自暴自棄。無論在什麼情況下，只要保持樂觀的心態，都可以生活得很快樂。

Part 7

忘記該忘的，
放下該放的

分清什麼該記住什麼該忘卻

在一個春天的夜裡，在一個城市裡，有位年輕的學生，走出公寓去寄一封信，當他自郵筒走回去時，被十幾個不良少年圍起來，拳打腳踢狠狠揍了一頓，不幸的是救護車來到之前，他就斷氣了。

兩天之內，警察將這十幾個不良少年一一逮捕。社會大眾都要求嚴懲他們，報紙也希望採取最嚴厲的懲罰。

後來這位死者的家長寄來一封信，他們要求盡可能減輕這些少年的罪行，並籌措一筆基金，作為這一群孩子出獄重生及社會輔導的費用。

他們不願仇恨這些少年。無疑地，他們內心經過相當的掙扎，而且需要有相當強烈的意志，才能夠不恨這些肇事的孩子。他們只恨控制這些孩子內心的病態性格。

他們要求讓這些孩子從殘暴、粗魯、仇恨、病態的虐待性格中重生，他們甚至還提供金錢來幫助這一群孩子。

生活中，該忘記的東西總是人們經過思想鬥爭都還難以忘記的。自誇、自私、貪婪、諷刺、仇恨、嫉妒、自憐、邪念、自我意識強烈，這些性格就好像是寄生在人們身上的水蛭，會帶給他們痛苦，使他們生病、甚至奪走他們的生命。你可以仇恨這些害蟲，但是應該同情被水蛭所害的受害人。

去愛一個可愛的人並非難事，難的是去愛不可愛的人。要求自己去體諒一個自大、傲慢、尖酸、刻薄、自私、自傲或粗魯的人，這確實是一項很大的考驗。而要求自己去忘記那些在自己身上造成傷害和侮辱的人和事就不那麼容易，但這又是擁有智慧人生必須做到的。

要擁有智慧的人生，就要忘記一切毋須銘記的，以求難得的輕鬆自由；

銘記一切不可忘記的，以獲取同樣難得的飽滿與充實。

上帝耶和華又一次造了兩個人，並讓他們到人間去體驗生活。兩人中一人叫作「忘記」，另一人喚作「銘記」。

「忘記」是一個快活的小夥子，他對人間的萬物產生了濃厚的興趣，整天高興不已。

「銘記」則是一名中年漢子，他到人間之後，將所經之事一一銘記在心。當二人被重新召回之時，上帝詢問此行人間的感受。

「忘記」一臉快樂地搶先說著：「人間實在是太有趣了！」問及趣在何處，「忘記」一臉迷茫，不知所措。問到「銘記」，他說：「做人太累！」也難怪，「銘記」在人間從頭至尾都在銘記，以致背上了沉重的思想包袱，豈能不累？

上帝聽了兩人在人間的境遇，現實哈哈大笑，後來卻頗有所悟地說到：

「看來，對待萬事萬物都不能太偏激。」

人生處世，忘記是寶，銘記是福，做人一味忘記，他的人生固然輕鬆，但空虛乏味，無真正快樂而言；然而一味銘記，又必然為思想壓力所累，亦無快樂可言。所以，真正快樂的人生應是忘記與銘記並重的人生哪！

是呀！忘記與銘記是一對親密的孿生兄弟，二者不可偏取其一，否則必遭極端之苦，必受偏廢之累。

生活中，有許多事情是可以忘記的，有許多事情又是需要銘記的。

所以，做人應該忘記與銘記二者並重，如此方可得到這樣的人生：輕鬆而自由，飽滿而充實，快樂而智慧。學會忘記與銘記，人生才會智慧而幸福。

「靜心」的感悟

「記住該記住的，忘記該忘記的。改變不能接受的，接受不能改變的」，這是一句很有哲理的話。可什麼是該記住，什麼又是該忘記的呢？

記住別人對我們的幫助、支持和恩惠，洗去我們對別人的怨恨、不滿和挑剔吧！這樣在人生的旅程中你才能更自由、幸福和快樂。

人們往往能夠對別人的恩惠和支持銘記一輩子，卻對被人的怨恨不能及時忘記，前者是該記住的，而後者是該忘記和釋懷的。

忘記該忘的，就是一種幸福

鐵匠和他的好朋友結伴去旅行，一路上兩個人相互照顧。

有一天，他們在翻過一座大山時，鐵匠不幸失足，在他滑向懸崖邊的一瞬間，好朋友不顧自身危險，拼命拉住了他。鐵匠於是在附近的一塊大石頭上刻下：某年某月某日，好朋友救了鐵匠一命。

他們繼續前行。一個月後，他們來到一處結冰的河邊，他們為是踏冰而過還是尋橋而過爭吵起來。一氣之下，好朋友踢了鐵匠一腳，鐵匠跑到冰面上刻下：某年某月某日，好朋友踢了鐵匠一腳。

有個過路的行人見了，好奇地問鐵匠：「你為什麼把好朋友救你的事刻在石頭上，而把他踢你的事刻在冰上？」

7

鐵匠說：「好朋友救了我，我永遠都感激他；至於他踢我的事，我會隨著冰上字跡的融化而忘得一乾二淨。」

人在相處的過程中，既會有溫暖的相互撫慰，也會有不愉快的相互摩擦，一個人既可能給你帶來傷害，也會給你無私的幫助。人是複雜的生物，具備「獸性」的同時也擁有「人性」。

當一個人用「獸性」的一面對待你時，請用「人性」的一面回應他。人之所以為人，就是在「人性」和「獸性」的較量中，「人性」永遠佔據上風，即使「人性」暫時退卻，也必將取得最後的勝利。

只要生活在繼續，我們就要時刻面臨選擇：牢記或遺忘。總有一些事情需要我們牢記於心頭，而又有另外一些事需要我們忘卻於腦後。什麼該記住，什麼該忘卻，是需要用心去體會的。

「靜心」的感悟

寬恕別人所不能寬恕的，遺忘別人所不能遺忘的，是一介書生曠達的心胸，亦是一位生活智者超然物外的灑脫。

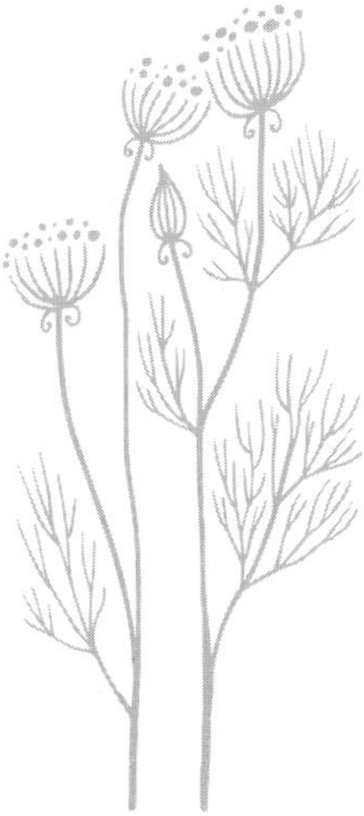

放下該放的，是一種寬容

無著禪師是一位非常有修行的禪者。他的修行功夫，並不是從禪通高明中得見，也不是從談玄說妙中得見，而是他為人的慈悲和藹，處世的圓融智慧中得見。

早年，無著禪師收了許多小孩兒，作為他的沙彌弟子。這些沙彌因年紀小，玩心很重，經常在做完晚課後，就偷偷地翻牆出去遊玩，直到半夜三更才回來。

有一天夜裡，無著禪師在房中等候，直到沙彌們翻牆出去玩後，他便悄悄地走到後院，把沙彌們放在牆角用來攀爬的高腳凳拿走，自己站在那兒靜待沙彌們回來。

初更過後，沙彌們紛紛自外頭回來；當他們從牆頭爬下來的時候，以為和以前一樣，踩的是高腳凳，結果：不對啊！怎麼軟綿綿的！再往下一看：不得了，是無著禪師的肩膀啊。

當沙彌們雙腳踏到地板，一個個驚訝不已，傻了眼地望著無著禪師；禪師竟完全不對他們表示責備，只是拍拍孩子們的臂膀，說道：「孩子們！夜涼了，趕快回去加件衣裳吧！」

從此以後，寺院裡再沒有人出去夜遊；無著禪師，也從來沒有再與沙彌們提起這件事。

真正的、徹底的、被遺忘的原諒，是一把手術刀，可以刮去舊日傷口的膿水，可以治癒並消除傷疤組織。

「靜心」的感悟

心中有恨，永遠不如心中有愛的人明淨快樂。寬恕他人的過失，便是自己的榮耀。寬恕就像是一把無形的梯子，幫你爬升到另一個更高的層次。

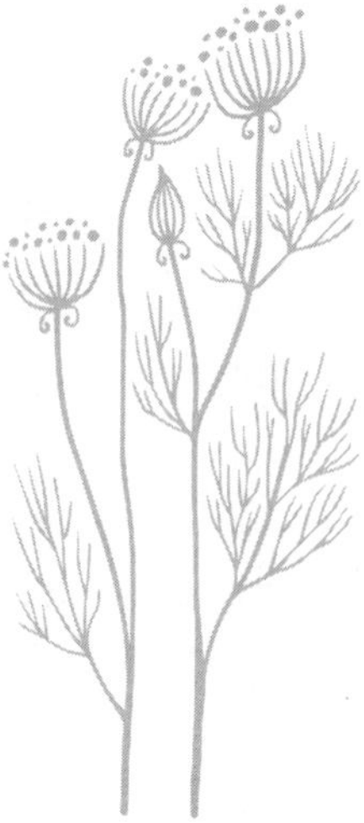

別讓仇恨的種子「遺傳」

一位畫家在集市上賣畫，不遠處，前呼後擁地走來一位大臣的孩子，這位大臣在年輕時曾經把畫家的父親欺詐得心碎地死去。這孩子在畫家的作品前流連忘返，並且選中了一幅，畫家卻匆匆地用一塊布把它遮蓋住，並聲稱這幅畫不賣。

從此以後，這孩子因為心病而變得憔悴，最後，他父親出面了，表示願意付出一筆高價。可是，畫家寧願把這幅畫掛在自己畫室的牆上，也不願意出售。他陰沈著臉坐在畫前，自言自語地說：「這就是我的報復。」

每天早晨，畫家都要畫一幅他信奉的神像，這是他表示信仰的唯一方式。

可是現在，他覺得這些神像與他以前畫的神像日漸相異。

這使他苦惱不已，他不停地找原因。然而有一天，他驚恐地丟下手中的畫，跳了起來，他剛畫好的神像的眼睛，竟然是那大臣的眼睛，而嘴唇也是那麼的酷似。

他把畫撕碎，並且高喊：「我的報復已經回報到我的頭上來了！」

這是印度大文豪泰戈爾的一篇名為《畫家的報復》的作品。這種仇恨的種子一旦被「遺傳」、「繼承」，就會演變為更加可怕的破壞力。

仇恨的情緒如同充足氣的皮球，你用多大的力氣踢它，它就用多大的力量回贈你。

仇恨是帶有毀滅性的情感，只會激化矛盾，釀成大禍。寬容的心卻能輕易將恨意化解，讓緊張的氣氛化作溫情脈脈。

「靜心」的感悟

生活在這個世界上，我們不得不原諒上天對人的不公，因為它總要去考驗一些人、捉弄一些人，倘若沒有一顆包容的心，那就將永遠失去快樂。

放下壞念頭，害人終害己

一位父親正在院子裡工作，他的兒子帕科放學以後，氣沖沖地回到家裡，進門以後使勁地跺腳。看到帕科生氣的樣子，父親就把他叫了過來，想和他聊聊。

帕科不情願地走到父親身邊，氣呼呼地說：「爸爸，我現在非常生氣。華金以後甭想再得意了。」

父親一面工作，一面靜靜地聽帕科說：「華金讓我在朋友面前丟臉，我現在特別希望他遇上幾件倒楣的事情。」

父親走到牆角，找到一袋木炭，對帕科說：「兒子，你把前面掛在繩子上的那件白襯衫當做華金，把這個塑膠袋裡的木炭當做你想像中的倒楣事情；你用木炭去砸白襯衫，每砸中一塊，就像徵著華金遇到一件倒楣的事情。我們看看你把木炭砸完了以後，會是什麼樣子。」

帕科覺得這個遊戲很好玩，他拿起木炭就往襯衫上砸去。可是襯衫掛在比較遠的繩子上，他把木炭扔完了，只有幾塊扔到襯衫上。

父親問帕科：「你現在覺得怎麼樣？」

他說：「累死我了，但我很開心，因為我扔中了好幾塊木炭，白襯衫上有幾個黑印子了。」

父親看到兒子沒有明白他的用意，於是便讓帕科去照照鏡子：帕科在一面大鏡子裡看到自己滿身都是黑炭，從臉上只能看到牙齒是白的。

父親說：「你看，白襯衫並沒有變得特別髒，而你自己卻成了一個『黑人』。你想在別人身上發生很多倒楣事情，結果最倒楣的事卻落到自己身上了。有時候，我們的壞念頭雖然在別人身上兌現了一部分，別人倒楣了，但是它們也同樣在我們身上留下了難以消除的汙跡。」

帕科如夢初醒。

「靜心」的感悟

很多時候就是這樣，笑話別人，往往會為別人所笑話，希望別人倒楣，往往自己會更倒楣。所以，壞念頭不可要，因為這於人於己都沒有好處，而且這些壞念頭還會加倍地發生在自己身上。

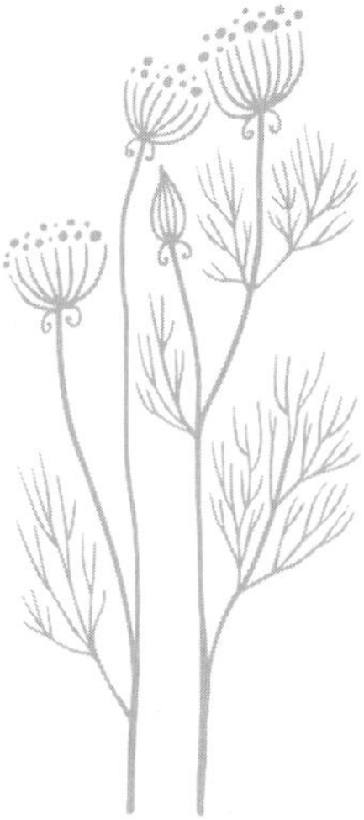

惡念需要常止，善念需要覺悟

生長在北極圈附近的人們靠獵殺動物為生。對於獵人來說，獵殺貂是一件很容易的事，不像獵殺北極熊之類的大動物風險那麼大，而且身手笨拙的獵人可能會因此而搭上身家性命。而獵殺貂的風險就小多了。雖然貂的肉很少，但貂皮卻可以賣上一個好價錢。

美國的一位攝影記者曾經記錄了獵人獵殺貂的過程。十分「殘忍」。

夜幕降臨時，獵人穿上厚厚的棉衣出發，到貂類經常出沒的地方躺下，假裝快要凍死的樣子。貂生性慈悲，看到有人臥在雪地裡，牠們會從暖暖的洞穴裡跑出來，用自己的身體溫暖那些假裝凍死的人。於是，獵人就十分輕易地抓到了貂。

這種令人齒寒的捕貂方法被記者報導後，引起了美國動物保護協會的抗議，並且信奉上帝的西方人無法接受，他們認為這是人類最為醜陋最為險惡的行為。

很多人認為，應該對那些慘無人道的獵人加以制裁，希望通過政府的力量，對該國的經濟進行制裁，以懲罰那些捕貂者。

但是，當地人並不認為這有悖於人道。他們認為，這只不過是貂的習性，而這種捕貂的方法更是流行了上千年，他們的祖祖輩輩一直是這樣捕貂的。

但嚴厲的譴責還是讓那些捕貂者，重新認識到了自己的行為，迫於輿論壓力，當地開始制止這種「忘恩負義」的捕貂行為。

在經過十幾年的禁獵後，這種捕貂行為被當地獵人所廢棄，如果還有人採用這種捕貂方法，會被同行所不齒，並無法加入參加捕獵大動物的獵人組織行列。

「靜心」的感悟

有時候人的惡念是被慣性所牽引著的，久而久之，惡念便成了一種常事而被人忽視。所以，對於惡念，我們需要常常制止。善念需要覺悟，需要我們不斷地提及。當善念戰勝惡念時，這個世界才會平和安祥。

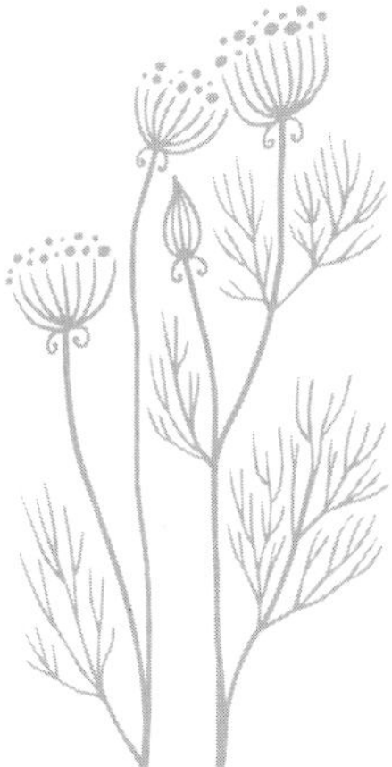

緣分不強求，聚散都隨緣

從前，有個書生和未婚妻約好，在某年某月某日結婚。

到那一天，未婚妻卻嫁給了別人。書生受此打擊，一病不起。家人用盡各種辦法都無能為力，眼看奄奄一息。

這時，路過一個雲遊僧人，得知情況，決定點化一下他。

僧人到他床前，從懷裡摸出一面鏡子叫書生看。

書生看到茫茫大海，一名遇害的女子一絲不掛地躺在海灘上。

路過一人，看一眼，搖搖搖頭，走了……。

又路過一人，將衣服脫下，給女屍蓋上，走了……。

再路過一人，過去，挖個坑，小心翼翼把屍體掩埋了……。

疑惑問，畫面切換，書生看到自己的未婚妻。洞房花燭，被她丈夫掀起蓋頭的瞬間……書生不明所以。

僧人解釋道：那具海灘上的女屍嗎，就是你未婚妻的前世，你是第二個路過的人，曾給過她一件衣服。她今生和你相戀，只為還你一個情。但是她最終要報答一生一世的人，是最後那個把她掩埋的人，那人就是他現在的丈夫。書生大悟，「唰」地從床上坐起，病竟然痊癒了！

「靜心」的感悟

什麼是緣分？沒人能說清。如果你相信緣分的存在，就應該明白，緣分這東西不可強求，該是你的，早晚是你的；不該你的，怎麼努力也得不到。是聚是散都應隨緣。

凡事往好的方面想，知足才能常樂

九歲那年，瞎爺的左眼瞎了。

一場高燒之後，他忽然對他的爹娘說：他的左眼看不見東西了！兩位老人一驚，忙過來用手在他左眼前晃，而那隻左眼果然一動不動。他爹娘頓時淚流滿面，一個獨生的兒子瞎了一隻眼睛可怎麼辦呀！

沒料到在爹娘哭得傷心的時候，他卻說：「爹娘，你們哭啥，應該笑才對！這場病不是只弄壞了我一隻眼嗎？左眼瞎了，右眼還能看得見呢！總比兩隻眼都弄壞了要好嘛！你們想一想，我比起世界上的那些雙目失明的人，不是要強多了嗎？」兒子的一番話，先是把兩位老人驚住了，後來想想也有理，於是停止了流淚。

瞎爺的家境不好，爹娘無力供他讀書，只好讓他去私塾裡旁聽。他的爹娘為此十分傷心，瞎爺勸他們說：「我如今也已識了些字，雖然不多，但總比那些一天書沒念、一個字不識的孩子強得多了吧！」爹娘一聽也安慰了許多。

後來，瞎爺娶了個嘴巴很大的媳婦。爹娘又覺得對不住兒子，瞎爺勸他們說：「能娶到這樣的一個媳婦已經很不錯了，和世界上的許多光棍漢比起來，簡直可以說是好到天上去了！」

這個媳婦勤快、能幹，可脾氣不好，不溫柔、不馴服，經常惹婆婆生氣。兒子勸道：「娘，你這個媳婦是有些不大稱你的心意，可是你想想，天底下比她差得多的媳婦還有不少。你的兒媳婦脾氣雖是暴躁了些，不過還是很勤快，又不罵人。」爹娘一聽真有些道理，嘔的氣也少了。

瞎爺的孩子都是閨女，於是媳婦總覺得對不起他們家，瞎爺又勸他的媳婦道：「這有什麼值得愧疚的呢？我認為你還是個很有能耐的女人！世界上有好多結了婚的女人，壓根兒就沒有孩子，別說五個女兒，她們連一個女兒都生不出來。

咱們這五個女兒，等到長大之後就會有五個女婿，日後等咱們老了，逢年過節的時候，五個女兒女婿一起提了酒、拎了肉回來孝敬咱們兩個老人，那該多熱鬧！

那些雖有兒子幾個，卻妯娌不和，婆媳之間爭得不得安寧，我們與這樣的家相比，不知要強多少倍！」

可是，瞎爺家確實貧寒得很，妻子實在熬不下去了，便不斷抱怨。瞎爺說：「你只跟那些住進深宅大院、家有萬貫資財、頓頓吃肉喝酒的人家相比，你自然是越比越覺得咱這日子是沒法過了，但是你只要瞧瞧那些拖兒帶女四處討飯的人家，白天飽一頓餓一頓，晚上睡在別人家的屋簷下，弄不好還會被狗咬一口，你就會覺得咱家這日子還真是不癩。雖然咱沒有饃吃，可是咱們還有稀飯可以喝；雖然咱們家買不起新衣服，可是總還有舊的衣裳穿，我們家這房子雖然有些漏雨的地方，可總還是住在屋子裡邊，和那些討飯維持生活的人相比，我們家的日子可以算是天堂了……」。

瞎爺老了，想在合眼前把棺材做好，然後安安心心地走。可做的棺材屬於非常寒酸的那一種，妻子愧疚不已，瞎爺勸說：「這棺材比起富豪大家們的上等柏木是差遠了，可是比起那些窮得連棺材都買不起，屍體用草蓆捲的人，不是要強多了嗎？」

瞎爺活到七十二歲時，無疾而終。在他臨死之前，對哭泣的老伴說：「有啥好哭的，我已經活到七十二歲，比起那些活到八九十歲的人，不算高壽，可是比起那些四五十歲就死了的人，我不是好多了嗎？」

瞎爺死的時候，面孔安詳，兩個眼角還留有笑容……。

知足常樂，這就是瞎爺一生快樂的人生哲學。

「靜心」的感悟

一個人能否快樂以及快樂的程度，是由一個人對自己的滿足感的大小來決定的。如果想變得快樂，就要提高自己的滿足感——凡事都應往好的方面想，知足才能常樂。

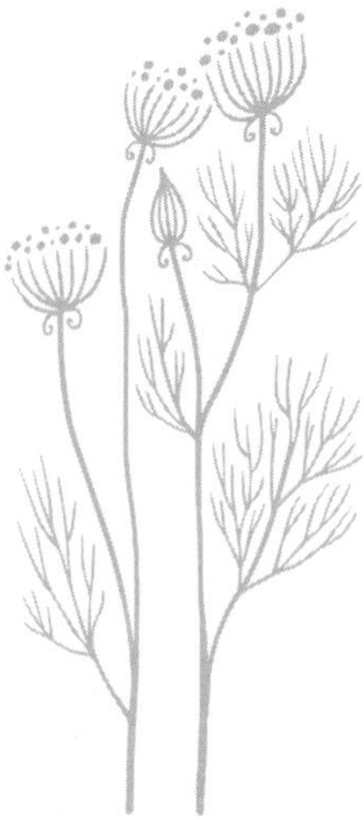

肯放手，你就有機會選擇別的

有一個禁欲苦行的修道者，準備離開他所住的村莊，到無人居住的山中去隱居修行。臨行前，他只帶了一塊布當衣服，就一個人到山中居住了。

後來，他要洗衣服的時候，他突然發現自己需要另外一塊布來替換，於是他就下山到村莊中，向村民們乞討一塊布當衣服。村民們都知道他是虔誠的修道者，於是毫不猶豫地就贈給他一塊布。

當這位修道者回到山中之後，他發現他居住的茅屋裡有一隻老鼠，這隻老鼠經常會咬他的那塊布。他是個出家人，要一生遵守不殺生的戒律，因此他不願意去傷害那隻老鼠。但是他又沒有其他的辦法趕走那隻老鼠，所以他回到村莊中，向村民要了一隻貓來飼養。

得到貓後，他又想到貓要吃什麼呢？他並不想讓貓去吃那隻老鼠，但是貓也不能像他那樣只吃一些水果與野菜。無奈之下，於是他又向村民要了一隻乳牛，這樣子那隻貓就可以靠牛奶維生。

但是，在山中居住了一段時間以後，他發覺每天都要花很多的時間來照顧那隻母牛，於是他又回到村莊中，他找到了一個可憐的流浪漢，於是就帶著這無家可歸的流浪漢到山中居住，幫他照顧乳牛。

那個流浪漢在山中居住了一段時間之後，他向修道者抱怨說：「我和你不一樣，我需要一個太太，我要正常的家庭生活。」

修道者想一想也是有道理，他不能強迫別人一定要跟他一樣，過著禁欲苦行的生活……這個故事就這樣繼續演變下去，到了後來，整個村莊都被搬到山上去了。

這個故事告訴我們：人的慾望是無窮的，我們也要懂得放棄。那個僧人就是不懂得放棄，才會讓自己的負擔越來越重。

「靜心」的感悟

在生活中，我們必須學會放棄，學會可以為了一棵樹而放棄整個森林，這也許便是另一種珍惜。未來是不可知的，而對眼前的這一切，我還來得及把握，我還可以在無限中珍惜這些有限的事物！

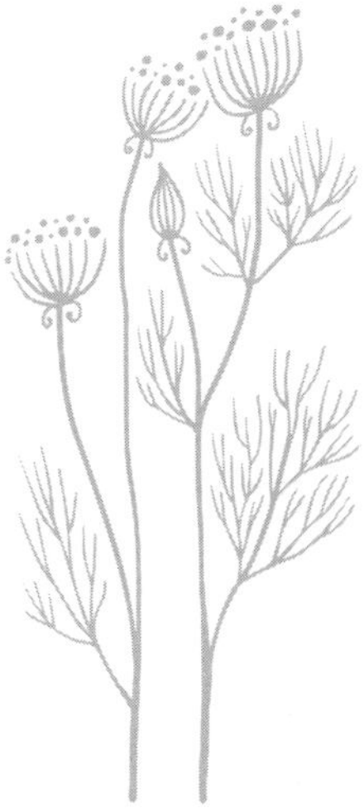

何必追求得不到的東西

從前有一頭驢子，牠的生活很安逸，主人是一個布商，從來不讓牠載重，只是偶爾去城裡上貨的時候讓牠馱著並不沉重的布匹走幾趟。

每逢主人不在家的時候，牠就可以由小主人帶著去山上吃草、散步。

一天，小主人由於貪玩，便讓驢子自己吃草，他跑到山下和小朋友們玩。

驢子待久了已經厭倦了腳下的草地。

牠舉目望去，啊，山那邊有好多草啊！

牠興奮地跑了過去，可是發現要過好幾個坡才能到，為了那新鮮肥美的草，牠堅持跑到了山頂。

這時牠已經很餓了，而且筋疲力盡了。剛要俯下身子去吃草，牠突然發現對面山上有一片更肥更鮮美的草地，於是牠放棄了眼前的美味，繼續向那片草地跑去，還沒有跑到目的地，驢子就倒在了地上。

可憐的驢子，總是這山望著那山高，結果白白斷送了自己的性命。

你是不是覺的那頭驢特別的傻呢？

你有沒有審視過自己，有的時候我們也是那頭這山望著那山高、永遠不知道知足的蠢驢呢？學會知足，這是對人性的修練，也是人活到的境界！學會它，人生路上會充滿陽光，什麼時間都生活在溫暖中，愜意將是整個人生的主要背景，人生就是一曲歡快、熱情而奔放的交響樂！

有一個女孩從高中時代一直到大學畢業都只死心塌地暗戀著一個男人，學生時代她是大家公認的小女人，因為他們兩個人總是一天到通電話，什麼雜七雜八的瑣碎事情都能夠聊出來，甚至在電話裡侃最近對於油鹽醬醋的物價變化的發現，反正無論大小都可以聊上半天。

這讓宿舍的姐妹們佩服得五體投地，認為這兩個人到了這種地步，今生今世是再也分不開了。

然而，大大出乎人們所料，八年過去了，本以為畢業之後他們會理所當然地修成正果，哪知道，半年不到，傳來了他們分手的消息，來得突然，朋友中沒一個人能夠立刻反應並接受的。

然而談及其中緣由，女孩只是淡淡地說：「緣分沒了，誰都強求不了。」

但八年的感情是否就一個「緣分」能解釋的呢？是否真的如很多人說的，在一起太久，反而難走到一起了？

八年，因為八年太久了，所以就該分開嗎？她的很多朋友都非常疑惑。

畢業之後，她找到了一份教書的工作，開心、滿足也輕鬆，畢竟和學生打交道總來得簡單。沒幾個月，她與一個在同一學校工作的男教師交往起來，也就是他現在的老公，從結婚到現在不到兩年的時間，現在的她體會到的生活是除了幸福還是幸福，她說她很知足，過去的依然是一段溫馨的回憶，畢竟是屬於成長的經歷，但是現在所擁有的更值得她一輩子去珍惜，因為這將是陪伴她一生的寶貝。

女孩閒暇時最喜歡的就是聽張學友的歌，專專心心地崇拜了張學友十多年，後來終於有機會去聽一次張學友的演唱會，再加上老公的陪伴與支持，她更是感覺幸福得不得了。

女孩微笑著描述著自己的心情，眉宇間寫滿了幸福和快樂，這是一種知足的快樂，一種讓我們每個人都可以品味到的快樂。只是，我們往往只知道抬頭張望別人的星空，卻總錯過自己這片獨特的風景。

是啊，珍惜自己擁有的，懂得知足，我們才能快樂。如果一輩子只是不停的追求那些得不到的東西，我們就會丟失當下的美好。

「靜心」的感悟

知足能夠帶給你一種歡暢，一種輕鬆，同時也是一種快樂的享受。這種享受就在你的身邊，只要你願意伸出手去，你就能擁有它。從現在開始，就請忘記那些你得不到的東西，珍惜你的擁有，享受知足者的快樂吧！

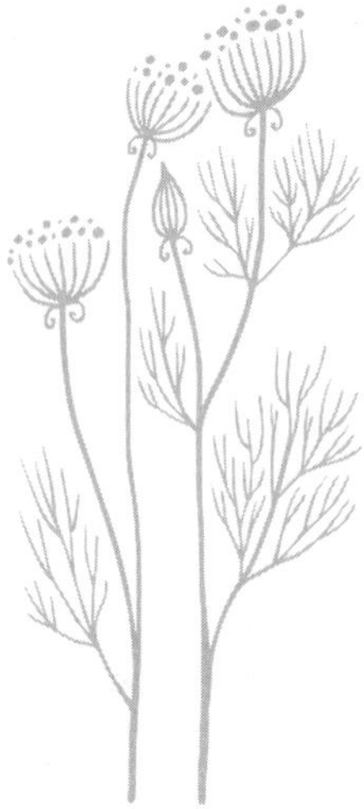

Part 8
開心放手，享受「愛」的成果

真正的上帝是人們的愛心

在美國的大街上，一個小男孩捏著一美元硬幣，一家一家商店地詢問著：「請問您這兒有上帝賣嗎？」店主要麼說沒有，要麼嫌他在搗亂，都不耐煩就把他攆出了店門。這時天就快黑了，小男孩已跑了二十八家商店了，但他並沒有灰心。

就在他進了第二十九家商店的時候，店主熱情地接待了男孩。店主是個六十多歲的老頭，滿頭銀髮，慈眉善目。他笑瞇瞇地問男孩：「告訴我，孩子，你買上帝幹嘛？」

男孩流著淚告訴老頭，他叫邦迪，父母很早就去世了，他是被叔叔派特魯普扶養大的。而且叔叔每天教他讀書，增加知識，還教他做人的道理。

邦迪的叔叔是個建築工人，前不久從腳手架上摔了下來，至今昏迷不醒。醫生說，只有上帝才能救他。邦迪想，上帝一定是種非常奇妙的東西，我把上帝買回來，讓叔叔吃了，傷就會好。

這時的老頭眼圈濕潤了，問：「你有多少錢？」

邦迪如實說：「只有一美元。」

「孩子，眼下上帝的價格正好是一美元。」老頭接過硬幣，從貨架上拿了瓶「上帝之吻」牌飲料說，「拿去吧，孩子，你叔叔喝了這瓶『上帝』，就沒事了。」

邦迪想也沒有想，把一美元遞給了店主，將飲料抱在懷裡，興沖沖地回到了醫院。一進病房，他就開心地叫著道：「叔叔，我把上帝買回來了，你很快就會好起來！」

不久，派特魯普真的出院了，出院時，他看到醫療費帳單上那個天文數字，差點嚇昏過去。

可院方告訴他，有個老頭幫他把錢付清了，而且是他請了一個由世界上頂尖的醫學專家組成的醫療小組來到了醫院，對他進行的會診，他們採用的世界上最先進的醫療技術，才治好了派特魯普的傷。

原來那老頭是個億萬富翁，從一家跨國公司董事長的位置上退了下來後，隱居在本市，開了家雜貨店打發時光。派特魯普激動不已，他立即和邦迪去感謝老頭，可老頭已經把雜貨店賣掉，出國旅遊去了。

派特魯普找不到老人也就不再去想了。他和邦迪繼續過著平淡、幸福的生活。

突然有一天，派特魯普接到了一封信，是那老頭寫來的，信中說：「年輕人，您能有邦迪這個侄兒，實在是大幸運了。為了救您，他拿著一美元到處購買上帝——感謝上帝，是他挽救了您的生命。但您一定要永遠記住，在這個世界上，真正的上帝是人們的愛心！希望您以後還能繼續教育他做人的道理。」

「愛」的感悟

在被各種慾望包圍時，我們的愛心也會被淹沒，有時甚至不如一個孩子，這不能不讓我們汗顏。我們經常向上帝祈禱能帶給我們好運，殊不知，在這個世界上，真正的上帝是人們的愛心。

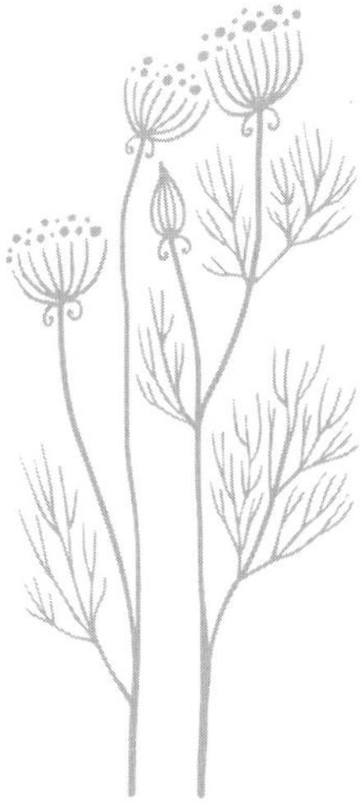

有清白的良心，才能得以安然入睡

午後，張林薇倚於床頭閒翻雜誌，他看到一個句子：「清白的良心是一個溫柔的枕頭。」就隨手記在紙上，細細體味。這個句子讓張林薇想起發生在自己母親身上的事來。

那是一個夏天晚上，張林薇和母親在院中納涼。突然有一隻小白兔從門縫鑽進張林薇家中，趕也趕不走。母親說：「天色已晚，讓小兔子往去哪呢？弄不好會讓一些壞人給吃了。不如先留牠一夜，明天早上誰來找牠，咱們再把小兔子還給誰。」張林薇就找出一個籠子把小兔子安置下來。

第二天，並沒有人來找小兔子，也沒有人吆喝少了兔子，就這樣又過了好多天，還是沒人找。小兔子在張林薇家一天天心安理得的住下來，而母親卻越來越感到不安。

母親在一天晚飯後再也忍不住了，那晚他母親一邊給小兔子餵青草，一邊說：「我怎麼總覺得眼皮跳？耳根發熱？好像有人在說我什麼似的，小兔子，你說是餵你還是放了你？」兔子只顧埋頭津津有味地吃草，並沒有理會她的言詞。母親歎了口氣，從張林薇父親的皮夾裡抽出兩塊錢就出去了。過了一會兒，母親回來了，如釋重負地對張林薇說：「我把兩塊錢放在西邊大路口了。誰要是撿了去，就當贖了這隻小兔子了，省得晚上我睡覺也不踏實。」

「愛」的感悟

作為一個人，總是與一些事物相連的。有些事情，也許不為人所知，但躲不過良心的審視。清白的良心是一個溫柔的枕頭，枕著這個溫柔的枕頭，我們才能得以安然入睡。

愛心和同情心，是用來付出的

一天夜裡，已經很晚了，一對年老的夫妻走進一家旅館，他們想要一個房間。前台侍者回答說：「對不起，我們旅館已經客滿了，一間空房也沒有剩下。」看著這對老人疲憊的神情，侍者又同情地說：「但是，讓我來想想辦法……」。

後來，好心的侍者將這對老人引領到一個房間說：「也許它不是最好的，但現在我只能做到這樣了。」老人見眼前其實是一間整潔又乾淨的屋子，就愉快地住了下來。

第二天，當他們來到前台結帳時，侍者卻對他們說：「不用了，因為我只不過是把自己的屋子借給你們住了一晚——祝你們旅途愉快！」原來如此。侍者自己一晚沒睡，他就在前台值了一個通宵的夜班。

兩位老人十分感動。老頭兒說：「孩子，你是我見到過的最好的旅店經營人。你會得到報答的。」侍者笑了笑說這算不了什麼。他送老人出了門，轉身接著忙自己的事，把這件事情忘了個一乾二淨。

沒想到有一天，侍者接到了一封信函，打開看，裡面有一張去紐約的單程機票並有簡短附言，聘請他去做另一份工作。他乘飛機來到紐約，按信中所標明的路線來到一個地方，抬頭一看，一座金碧輝煌的大酒店聳立在他的眼前。

原來，幾個月前的那個深夜，他接待的是一個有著億萬資產的富翁和他的妻子。富翁為這個侍者買下了一座大酒店，深信他會經營管理好這個大酒店。

這就是全球赫赫有名的希爾頓飯店首任經理的傳奇故事。

「愛」的感悟

每個人都有同情心和愛心，這是人的天性，但很多時候，因為忙碌，因為生存，我們往往忽視了它們的存在。同情心和愛心不是用來閒置的，而是用來付出的。誰付出了它們，誰就會收到好運的回報。

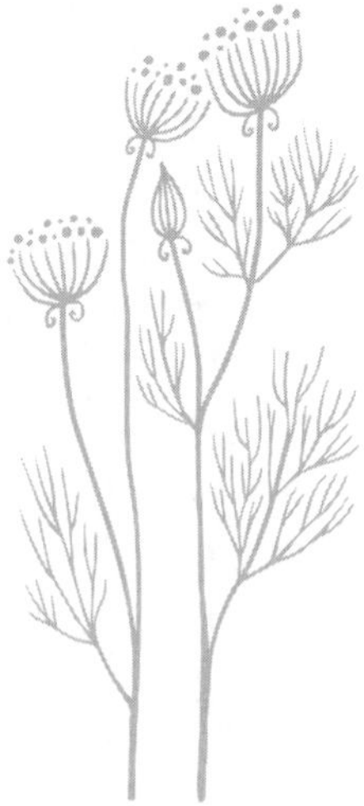

奉獻愛心，往往就可以美麗一生

喬治是華盛頓一家保險公司的營銷員。有一次他為女友買花，認識了一家花店的老闆本。其實也只是認識而已，他總共只在本的花店裡買過兩次花。

後來，喬治因為為客戶理賠一筆保險費，被莫名其妙地控以詐騙罪投入監獄，他要坐十年的牢。聽到這個消息後，他的女友離開了他。他更是心灰意冷了，因為十年的時間太長了，他過慣了熱烈、激情的生活，不知自己該如何打發漫長的沒有愛，也看不到光明的日子，他對自己一點信心也沒有。

喬治在監獄裡過了鬱悶的第一個月，他幾乎要瘋了。這時，有人來看他。他有些納悶，在華盛頓他沒有一個親人，他想不出有誰還記著他。

在會見室裡，他不由地怔住了，原來是花店的老闆本。本給他帶來了一束花。

雖然只是一束花，卻給喬治的牢獄生活帶來了生機，也使他看到了人生的希望。他在監獄裡開始大量地讀書，鑽研電子科學。

六年之後，他獲釋。他先在一家電腦公司做僱員，不久自己開了一家軟體公司，兩年後，他身價過億。

成為富豪的喬治，去看望本，卻得知本已於兩年前破產了，一家人貧困潦倒，舉家遷到了鄉下。

喬治把本一家接回來，給本一家買了一套樓房，又在公司裡為本留了一個位置。喬治說，是你那年的一束花，使我留戀人世的愛和溫暖，給予我戰勝厄運的勇氣，無論我為你做什麼，都不能回報當年你對我的幫助，我想以你的名義，捐一筆錢給北美機構，讓天下所有不幸的人都感受到你博大的愛心。

後來，喬治果然捐了一大筆錢出來，成立了「華盛頓．本陌生人愛心基金會」。

「愛」的感悟

奉獻一點愛心，去愛每一個人，是每個人都很容易做到的事。一句話、一個微笑、一束花就夠了，這對我們並不損失多什麼，卻可能因此幫助別人走出困境，同時也會美麗了自己的一生。

花點時間去行善，心靈會得到慰藉

在美國新墨西哥州的富瓦社區，生活著三名流浪漢，他們持有行乞證，並在這個社區生活了十三年。

但在一九九八年十一月六日，新墨西哥州政府卻通過了一項法案，對行乞十年以上的乞丐停發行乞證，理由是他們已非常富裕，不再具有行乞資格。沒辦法，三名流浪漢只好離開新墨西哥前往佛羅里達。

當富瓦社區的薩姆神父聞知此事後，立即表示反對，並致信州政府，要求把三位乞丐重新召回。

他說，社區裡不能沒有乞丐，州政府的這種做法，完全是對善良人的褻瀆，是對人性的漠然和不尊重。該法案必須進行修改。

起初，大家都以為薩姆神父是出於對弱者的同情，因為在上帝眼裡，人是無貴賤之分的，無論是富人還是乞丐都是上帝的子民。可當《基督教科學緘言報》就此事採訪薩姆神父時，發現根本不是這麼回事。

薩姆神父是這樣說的：四十年來，我曾在富瓦等六個社區擔任神父，這六個社區的人口和富裕程度都差不多，可是其中有一個社區找我解決心靈問題的人最少，來教堂懺悔的人也不如其他社區多。為什麼會出現這種情況呢？難道是這兒的人不夠虔誠嗎？

有一段時間，我非常困惑。後來我發現，原來這個社區有一家孤兒收養中心，那兒有五名孤兒，正是這五名孤兒給他們帶來了福音，因為孤兒喚起了他們的善行，孤兒使他們有了行善的地方。

而經常行善的人，心靈是不會出現問題的，再說心靈出現問題的人去行善，心靈也會得到慰藉。富瓦社區的三名流浪漢，也是富瓦社區的福音。現在把他們趕走了，富瓦社區的人想通過佈施獲得心靈安慰和滿足的機會也就沒有了，作為一名神父，我能接受這樣的法案嗎？

薩姆神父的這段話，後來被刊登在《基督教科學綱言報》上，結果在新墨西哥州引發了一場抗議州政府的大遊行。

二〇〇〇年一月四日被取消，三名富瓦社區的流浪漢，被員警護送著從佛羅里達返回新墨西哥州。

在迎接三名流浪漢歸來時，富瓦社區的人全部出動，他們舉著標語，喊著口號，歡呼他們的勝利。

其中有這樣兩幅標語：「花時間去幫助別人，會醫治自己的創傷」、「一個小小的善舉，可媲美於運動一小時後所得的舒暢」……。

「愛」的感悟

行善是一種美德，是因為行善可以幫助別人。但除此之外，不可否認，經常花點時間行善，的確可以得到心靈的安慰和滿足，甚至可以說，行善確實是一種維護人性的需要。

告訴你要感謝的人，他對你是重要的

一位在紐約任教的老師決定告訴她的學生，他們是如何重要。她將學生逐一叫到講台上，然後告訴大家這位同學對整個班級和對她的重要性，再給每人一條藍色緞帶，上面以金色的字寫著：「我是重要的。」

之後那位老師想做一個班上的研究計劃，來看看這樣的行動對一個社區會造成什麼樣的衝擊。她給每個學生三個緞帶別針，教他們出去給別人相同的感謝儀式，然後觀察所產生的結果，一個星期後回到班級報告。

班上一個男孩子到鄰近的公司去找一位年輕的主管，因他曾經指導他完成生活規劃。那個男孩子將一條藍色緞帶別在他的襯衫上，並且再多給了二個別針，接著解釋：「我們正在做一項研究，我們必需出去把藍色緞帶送給自己感謝尊敬的人，再給他們多餘的別針，讓他們也能向別人進行相同的感謝儀式。下次請告訴我，這麼做產生的結果。」

過了幾天，這位年輕主管去看他的老闆。從某些角度而言，他的老闆是個易怒、不易相處的同事，但極富才華，他向老闆表示十分仰慕他的創作天分，老闆聽了十分驚訝。這個年輕主管接著要求他接受藍色緞帶，並允許他幫他別上。一臉吃驚的老闆爽快地答應了。

那年輕人將緞帶別在老闆外套、心臟正上方的位置，並將所剩的別針送給他，然後對他說：「您是否能把這緞帶也送給您所感謝的人？這是一個男孩子送我的，他正在進行一項研究。我們想讓這個感謝的儀式延續下去，看看對大家會產生什麼樣的效果。」

那天晚上，那位老闆回到家中，坐在十四歲兒子的身旁，告訴他：「今天發生了一件不可思議的事。在辦公室的時候，有一個年輕的同事告訴我，他十分仰慕我的創造天分，還送我一條藍色緞帶。他認為我的創造天分如此值得尊敬，甚至將印有『我很重要』的緞帶別在我的夾克上，還多送我一個別針，讓我能送給自己感謝尊敬的人，當我今晚開車回家時，就開始思索要把別針送給誰呢？我想到了你，你就是我要感謝的人。」

「這些日子以來，我回到家裡並沒有花許多精力來照顧你、陪你，我真是感到慚愧。有時我會因你的學習成績不夠好，房間太過髒亂而對你大吼大叫。但今晚，我只想坐在這兒，讓你知道你對我有多重要，除了你媽媽之外，你是我一生中最重要的人。好孩子，我愛你。」

他的孩子聽了十分驚訝，他開始嗚咽啜泣，最後哭得無法自制，身體一直顫抖。他看著父親，淚流滿面地說：「爸，我原本計劃明天要自殺，我以為你根本不愛我，現在我想那已經沒有必要了。」

「愛」的感悟

在我們的一生中，我們要感謝的人很多，但出於某些原因，我們卻很少願意表達出來。心中有愛，卻不表達出來，這實在是一件可悲的事。該表達時，就應該告訴你要感謝的人，他對你是重要的。這樣不僅能加深彼此的情感，還會給別人內心帶來光明，從而化解其心中的陰暗。

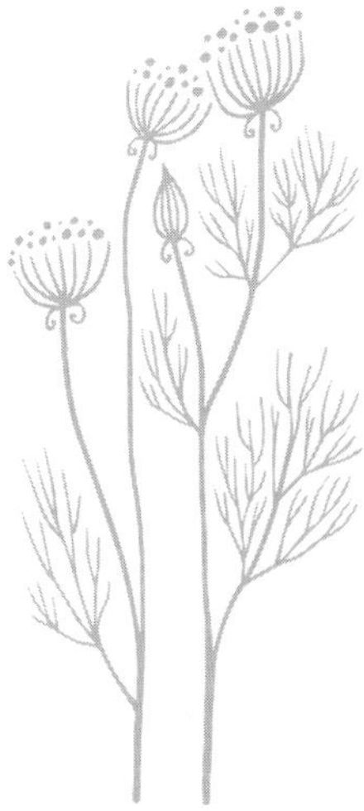

愛心在哪裡開花，就會在哪裡結果

有一個名叫弗西姆的婦人，住在波士尼亞的一個小村莊裡，她有兩個可愛的兒子和一個善良的丈夫。她的丈夫在奧地利工作，有一天，她丈夫從奧地利帶回兩條金魚，養在魚缸裡。

不久，波士尼亞戰爭爆發了，弗西姆的丈夫為國家獻出了生命，而戰火也毀滅了他們的家園，弗西姆只好帶著孩子到他鄉逃難。臨行前，弗西姆並沒有忘記那兩條金魚，因為那也是兩條生命啊，她愛惜牠們，而且牠們還是丈夫給自己和孩子的禮物。於是，她把金魚輕輕地放入一個小水坑裡，然後出發了。

幾年以後，戰爭結束了，弗西姆和孩子們重返家園。而家鄉仍是一片廢墟。弗西姆不知道怎麼才能使自己的家重見生機。

忽然，她發現，在她曾放入金魚的小水坑裡，浮動著點點金光，原來是一群可愛的小金魚。

牠們一定是那兩條金魚的後代。弗西姆突然間看到了希望，她像看到了丈夫的鼓勵。她和孩子們精心飼養起那些金魚來。她相信，生活會像金魚一樣，越來越好。

弗西姆和金魚故事逐漸流傳開來。人們為這個故事而感動，並從各地趕來，觀賞這些金魚，當然，走的時候也不會忘記買上兩條帶回家。也許，那金魚象徵著希望。沒用多長時間，弗西姆和孩子們憑著賣金魚的收入，過上了幸福的生活。

不得不承認，這一切都得益於弗西姆的愛心，她沒有放棄任何表達愛心的機會，哪怕只是拯救兩條金魚。

「愛」的感悟

愛心是人類的一種高尚的情感，一個有愛心的人，也會被別人所愛。要表達自己的愛心是件很容易的事，重要的是，不要放棄任何表達愛心的機會。我們要相信，愛心不管在哪裡開花，終究有一天會在哪裡結出果實。

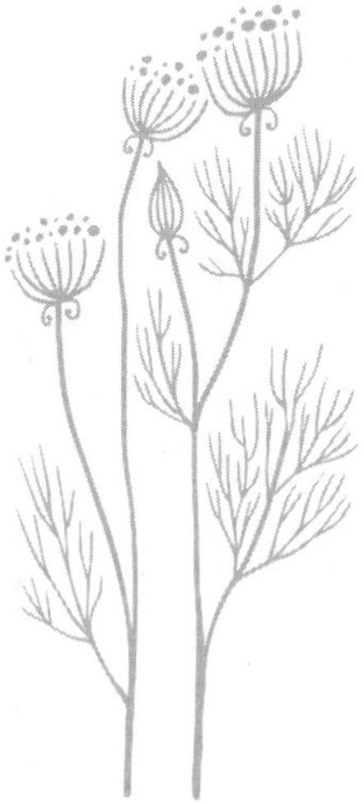

給別人一份愛，比接受一份愛更快樂

耶誕節時，保羅的哥哥送給他一輛新車。

耶誕節當天，保羅離開辦公室時，一個男孩繞著那輛閃閃發亮的新車，十分讚歎地問：「先生，這是你的車？」

保羅點點頭：「這是我哥哥送給我的耶誕節禮物。」男孩滿臉驚訝，支支吾吾地說：「你是說這是你哥哥送的禮物，沒花你半毛錢？我也好希望能……」。

當然保羅以為他是希望能有個送他車子的哥哥，但那男孩卻說：「我希望自己能成為送車給弟弟的哥哥。」

保羅驚愕地看著那男孩，衝口而出地邀請他：「你要不要坐我的車去兜風？」

男孩興高采烈地坐上車，繞了一小段路之後，那孩子眼中充滿興奮地說：「先生，你能不能把車子開到我家門前？」

保羅微笑，他心想那男孩必定是要向鄰居炫耀，讓大家知道他坐了一部大車子回家。沒想到保羅這次又猜錯了。「你能不能把車子停在那兩個階梯前？」男孩要求。

男孩跑上了階梯，過了一會兒，保羅聽到他回來的聲音，但動作似乎有些緩慢。原來他帶著跛腳的弟弟出來，將他安置在台階上，緊緊地抱著他，指著那輛新車。

只聽那男孩告訴弟弟：「你看，這就是我剛才在樓上告訴你的那輛新車。這是保羅他哥哥送給他的！將來我也會送給你一輛像這樣的車，到那時候你便能去看看那些掛在視窗的耶誕節漂亮飾品了。」

保羅走下車子，將跛腳男孩抱到車子的前座。男孩也爬上車子，坐在弟弟的旁邊。就這樣他們三人開始一次令人難忘的兜風。

在這個耶誕節，保羅明白了一個道理：給予比接受真的令人更快樂。

「愛」的感悟

盧梭說過，人在心中應該設身處地想到的，不是那些比我們更幸福的人，而是那些比我們更值得同情的人。同情別人，最好的禮物就是愛。送一份愛給別人，比接受一份愛更快樂。

無論在什麼時候，愛總是永恆不敗的

瑪莎十歲了，兩個月前父親不幸身亡，瑪莎只有和多病的母親相依為命。

明天就是耶誕節了，母親給了瑪莎僅有的五美元，讓她上街給自己喜歡的聖誕禮物。瑪莎拿著錢找到了媽媽的主治醫生奧克多醫生。瑪莎把五美元遞給奧克多醫生。並小聲請求道：「奧克多醫生，您能幫我母親做一次腰椎按摩嗎？」

奧克多醫生搖了搖頭，無奈道：「瑪莎，五美元不夠的——最少也得五十美元……」瑪莎失望地走出了診所。

瑪莎走在大街上，發現大街上的一個角落裡圍了很多多人，她擠進去一看，是一個街頭的輪盤賭局。輪盤上依次刻著二十六個阿拉伯數字，每個數位對應一個英文字母。賭局規則是：不管你押多少錢，也不管你押什麼數字，只要輪盤轉兩圈後，指針能停在你的選擇上，那麼你都將獲得十倍的回報。

瑪莎猶豫了一會兒，如果我贏了的話，就可以讓醫生給媽媽做腰椎按摩了。

瑪莎把手中的五美元放在了第十二格上。輪盤轉兩圈後，真的停在了第十二格，瑪莎的五美元變成了五十美元。

第二局開始了，輪盤再次旋轉，瑪莎把五十美元放在了第十五格。瑪莎又贏了，五十美元變成了五百美元。人們開始注意瑪莎。

莊家問：「孩子，你還玩嗎？」瑪莎沒有回答。

第三局又開始了，瑪莎看著輪盤，把五百美元放在了第二十二格。結果，她擁有了五千美元。

莊家的聲音顫抖了：「孩子，繼續嗎？」瑪莎沒有理會，認真的望著輪盤。

第四局開始時，瑪莎鎮定地把五千美元押在了第五格。所有的人都屏住了呼吸。不到一分鐘後，有人忍不住驚呼：「上帝啊，她又贏了！」

莊家快哭了：「孩子，你……」

瑪莎看了看莊家認真道：「我不玩了，這些錢足夠請奧克多醫生為我媽媽做長期的按摩了，我非常愛我的媽媽！」

瑪莎走出人群後，旁觀的人看著她的身影，有人開始計算連續四次猜對的比率有多少。莊家則像個呆子似的凝望著自己的輪盤。突然，他喊道：「我知道我輸在哪裡了，這孩子是用她的『愛』在跟我賭博啊！」

這時旁觀的人們這才注意到，瑪莎投注的「十二、十五、二十二、五」

四個數位，對應的英文字母正是「L、O、V、E」，因為「愛」總是永恆不敗的！

「愛」的感悟

愛是世界上最偉大的力量，只要帶著愛去做事，不但會得到更多的愛，也會心想事成。因為，無論在什麼時候，愛總是永恆不敗的。

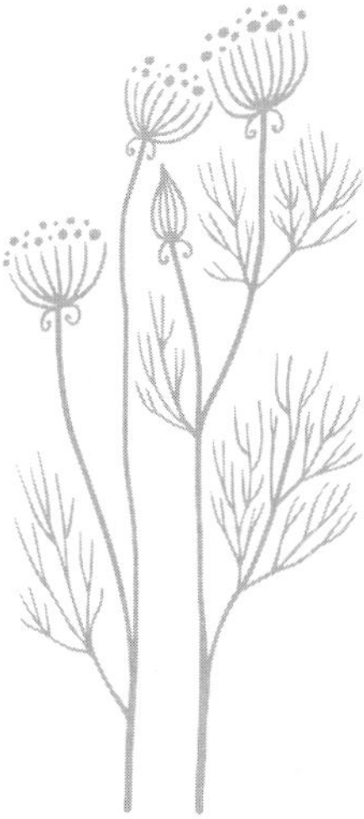

Part 9

打開心、放開手，感受精采的生活

心生活，生活才會更為精緻

有這樣四個女人。

第一個女人——確切地說是女孩，是個大三的窮學生。一個男生喜歡她，同時也喜歡另一個家境很好的女生。在他眼裡，她們都很優秀，他不知道應該選誰做妻子。有一次，他到那個很窮的女孩家玩，她的房間非常簡陋，沒什麼像樣的傢俱。但當他走到窗前時，發現窗台上放了一瓶花——瓶子只是一個普通的水杯，花是在田野裡採來的野花。

就在那一瞬，他下定了決心，選擇那個窮女孩為自己終身所依。促使他下這個決心的理由很簡單，那個女孩子雖然窮，卻是個懂得如何生活的人，將來無論他們遇到什麼困難，他相信她都不會失去對生活的信心。

第二個女人喜歡時尚，愛穿與眾不同的衣服。她是被別人羨慕的白領；但她卻很少買特別高級的時裝。

她找了一個手藝不錯的裁縫，自己到布店買一些不算貴但非常別緻的料子，自己設計衣服的樣式。在一次清理舊東西時，一床舊的緞子被面引起了她的興趣——這麼漂亮的被面扔了怪可惜的，不如將它送到裁縫那裡做一件中式時裝。想不到效果出奇地好，她的「中式情結」由此一發而不可收：她用小碎花的舊被套做了一件立領帶盤扣的風衣；她買了一塊紅緞子稍事加工，就讓她那件平淡無奇的黑長裙大為出色……。

第三個女人是個普通的職員，過著很平淡的日子。她常和同事說笑：「如果我將來有了錢……」同事以為她一定會說買房子買車子，而她的回答是：「我就每天買一束鮮花回家！」不是她現在買不起，而是覺得按她目前的收入，到花店買花有些奢侈。有一天她走過人行天橋，看見一個鄉下人在賣花，他身邊的塑膠桶裡放著好幾把康乃馨，她不由得停了下來。這些花一把才開價五元錢，如果是在花店，起碼要十五元，她毫不猶豫地掏錢買了一把。

這把從天橋上買回來的康乃馨，在她的精心呵護下開了一個月。每隔兩三天，她就為花換一次水，再放一粒維生素C，據說這樣可以讓鮮花開放的時間更長一些。每當她和孩子一起做這一切的時候，都覺得特別開心。

第四個女人失了業，在離家不遠的人行道上賣麵窩。由於品種太單一，她的攤子在一個賣熱乾麵的攤子旁邊，吃麵的人圖方便，吃熱乾麵的時候順便來一個麵窩。這個四十多歲的失業女工不像別的攤主，東西炸好後，就用手裡那雙筷子或鐵夾子夾到客人碗裡，而是準備了一些很精緻的竹製小盤，每一次她都不厭其煩地把炸好的麵窩放到盤子裡，端到客人桌上，等他們吃完再收回來……不知是她炸的麵窩味道好量又足，還是由於她這個細心的舉動，她的生意還真不錯。

這四個女人各自在不同的軌道上過著不同的生活，她們有錢也好，沒有錢也好，年齡大也好，年齡小也好，她們都有一個讓人稱道的共同點：她們懂得讓自己生活過得更精緻。

「人生」的感悟

雖然我們的生活很平凡，但是只要我們用心去生活，就可以讓生活變得豐富多彩，充滿樂趣，就會讓我們的生活變得更為精緻。

留心生活，人生才能有所感悟

有這樣一個廣為流傳的故事。

明朝萬曆年間，中國北方的女真為患。皇帝為了要抗禦強敵，決心整修萬里長城。當時號稱天下第一關的山海關，卻早已年久失修，其中「天下第一關」的題字中的「一」字，已經脫落多時。

萬曆皇帝募集各地書法名家，希望回復山海關的本來面貌。各地名士聞訊，紛紛前來揮毫，但是依舊沒有一人的字，能夠表達天下第一關的原味。皇帝於是再下詔告，只要能夠中選的，就能夠獲得最大的重賞。經過嚴格的篩選，最後中選的，竟是山海關旁一家客棧的店小二，真是跌破大家的眼鏡。

在題字當天，會場被擠的水洩不通，官家也早就備妥了筆墨紙硯，等到店小二前來揮毫。只見主角抬頭看著山海關的牌樓，捨棄了狼豪大筆不用，拿起一塊抹布往硯台裡一沾，大喝一聲：「一」，十分乾淨俐落，立刻出現絕妙的一字。旁觀者莫不給予驚歎的掌聲。

有人好奇的問他：為何能夠如此成功的秘訣。他被問之後，久久無法回答。後來勉強答道：其實，我想不出有什麼秘訣，我只是在這裡當了三十多年的店小二，每當我在擦桌子時，我就望著牌樓上的「一」字，一揮一擦就這樣而已。

原來這位店小二的工作地點，正好面對山海關的城門，每當他彎下腰，拿起抹布清埋桌上的油污之際，剛好這個視角，正對準「天下第一關」的「一」字。因此，他不由自主地天天看、天天擦，數十年如一日，久而久之，就熟能生巧、巧而精通，這就是他能夠把這個「一」字，能夠臨摹到爐火純青，唯妙唯肖的原因。

「人生」的感悟

人生中有許多美好的事物值得我們去留心，只有處處留心，才能有所感悟，才能漸漸地提高悟性。反覆練習才能做到熟能生巧，把一項本領練到這種境界，成功就是自然而然的事了。

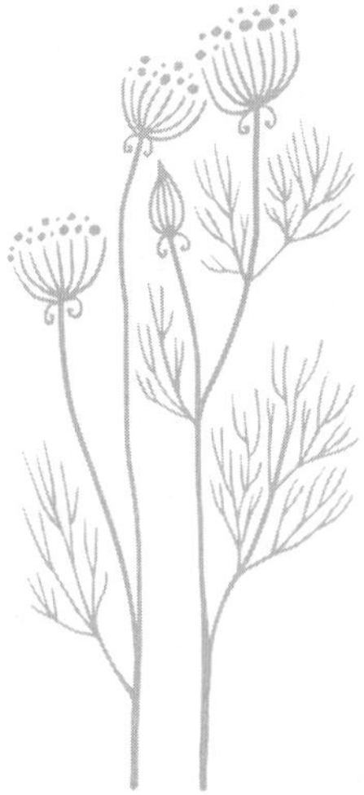

生活有很多不如意，放的開才會有幸福

有一個失意的城裡人對生活失去了信心，他走進一片原始森林，準備在那裡了卻殘生。

失意人發現一隻猴子正在目不轉睛地看著他，便招手讓猴子過來。

「先生，有何事情？」猴子有禮貌地打著招呼。

「求求你，找塊石頭把我砸死吧！」失意人央求猴子。

「為什麼？閣下難道不想活了？」猴子瞪著眼睛問。

「我真是太不幸了……」失意人話一出口，淚水便嘩嘩地流了出來。

「能跟我談談嗎？我也是靈長類呀！」猴子善解人意地說。

「跟你談有什麼用……當年我差了一分，沒有考上清華大學……

嗚……」失意人已經淚流滿面了。

「你們人類不是還有別的大學嗎？你是不是找不到異性？」猴子覺得上什麼大學無所謂，有沒有異性可是個原則問題。

「嗚……」失意人又哭了起來，「有十幾個美女追求我，最後我只得到其中一個不太漂亮的……」

「天啊，太不公平了！」猴子也為失意人打抱不平，「不過，您畢竟還撈上了一個。工作上有什麼不順心嗎？」

「工作了十來年，才選上一個副教授。你說說，這書還怎麼教下去？」失意人轉悲為憤，怒氣沖沖地說。

「薪水夠用嗎？」這隻猴子看來懂得真不少。

「夠用什麼！每個月除了吃、穿、用，只剩下幾百塊錢，什麼事也做不了！」失意人滿腹牢騷。

「您真的不想活啦？」猴子緊緊盯著失意人的雙眼，嚴肅地問。

「不想活了！你還等什麼，快去找石頭啊！」失意人不想再跟猴子囉嗦了。

猴子猶豫了一下，終於抓起來一塊石頭。就在牠即將砸向失意人腦袋的時候，突然問失意人：「閣下，比起我來，您真是幸福。其實，我比您痛苦多了。這樣吧，把您的地址告訴我，我去頂替您算了。」

失意人忙說：「那可不行！說真的，比起你來，我真是幸福的。」

猴子問：「那你現在還想死嗎？」

失意人搖了搖頭。

「人生」的感悟

在這個世界上，沒有一個人能事事都能如意，即使是比爾·蓋茲，也不例外。凡事應往好的方面想，比上不足，比下有餘。經常這樣想想，我們就會感覺到幸福了。

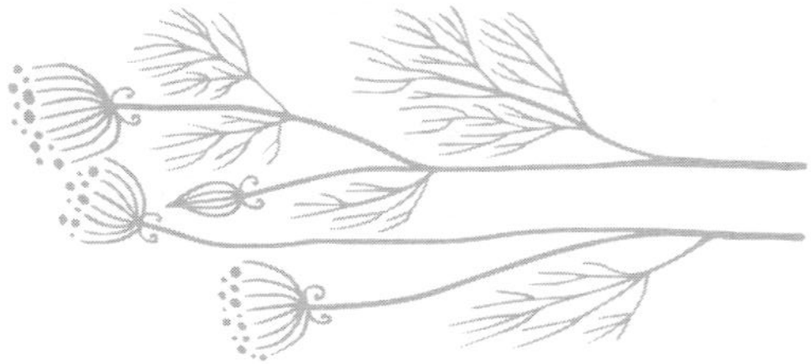

既然放不下，就要對它們負有責任

有位中年人，覺得自己的日子過得非常沉重，生活壓力太大，想要尋求解脫的方法，因此去向一位智者求教。智者給了他一個簍子要他背在肩上，指著前方一條坎坷的道路說：「每當你向前走一步，就彎下腰來撿一顆石子放到簍子裡，然後看看會有什麼感受。」

中年人就照著智者的指示去做，他背上的簍子裝滿石頭後，智者問他這一路走來有什麼感受。

他回答說：「感到越走越沉重。」

智者說：「每一個人來到這個世界上時，都背負著一個空簍子。我們每往前走一步就會從這個世界上撿一樣東西放進去，因此才會有越走越累的感慨。」

中年人又問：「那麼有什麼方法可以減輕人生的重負呢？」智者反問他說：「你是否願意將名聲、財富、家庭、事業、朋友拿出來捨棄呢？」

那人答不出來。智者又說：「每個人的簍子裡所裝的，都是自己從這個世上尋求來的東西，一旦擁有它，就要對它負有責任。」

「人生」的感悟

我們往往感覺到負擔越來越大，是因為我們得到的多，想得到的還很多。既然是自己得到了又不願再失去的東西，或是還想得到更多的東西，就必須對已得到的和想得到的東西負有責任。只有這樣，我們才能減輕人生的重負。

辛苦尋找的東西，往往就在我們身邊

從前，有一個叫哈費特的人，一天晚上做了個奇怪的夢，夢中有一位白鬍子老者告訴他說：「如果你能夠找到第一塊鑽石，你將得到整個鑽石礦！鑽石就在淌著白沙的河裡。」

第二天早上醒來，他的腦子裡都是鑽石的影子。

於是哈費特一橫心，把他所有的家產全部變賣換成了錢，然後就踏上了尋找鑽石的路。他風餐露宿，在外面找了很多年，可連一顆鑽石也沒找到。當一切希望都破滅的時候，他自殺了。

買下哈費特房子的那個人，有一次在後院的河水中洗衣服。當太陽照過來時，河裡的沙子忽然變成白色的，河沙中有什麼東西在閃閃發光，他挖出來一看，原來是一塊天然的鑽石。於是他就拿來鐵鍬和篩子，把河水中的沙子全都挖了出來，用篩子篩過以後，各種大大小小的鑽石紛紛呈現在他的面前，散發著耀眼的光芒。後來那個人把其中幾個大的鑽石，獻給了維多利亞女王，女王封他做了大官，從此他過上了豐裕的生活。

哈費特辛辛苦苦地去尋找鑽石，結果什麼也沒有得到，他哪裡想得到，其實鑽石就在他家的後院裡！

「人生」的感悟

很多人都在四處奔波，不辭辛苦地尋找一些珍貴的東西，到頭來卻一無所獲。其實，我們所尋找的東西，往往就在我們身邊，關鍵在於我們要珍惜自己擁有的東西並善於發現它。

放下，才能找到屬於自己的天空

有一個學電子專業的大學生，畢業時被分配到一個讓許多人羨慕的政府機關，做著一份十分輕鬆的工作。

然而時間久了年輕人開始變得鬱鬱寡歡，原來年輕人的工作雖輕鬆但與所學專業毫無關係，要知道，年輕人可是電子專業的高才生啊，空有一身本事卻無用武之地。

他想辭職外出闖天下，但內心深處卻十分留戀眼下這一份穩定又有保障的舒適工作，要知道外面的世界雖然很精彩可是風險也大啊！經過反覆考量他仍拿不定主意，於是他就將自己的想法告訴父親。

父親聽後想了一會兒，給他講了一個故事。

9

從前，有一個鄉下的老人在山裡打柴時，撿到一隻很小的樣子怪怪的鳥，那隻怪鳥和出生剛滿月的小雞一樣大小，也許因為牠實在太小了，還不會飛，老人就把這隻怪鳥帶回家給小孫子玩耍。

老人的孫子很調皮，他將怪鳥放在小雞群裡，充當母雞的孩子，讓母雞養育著。母雞沒有發現這個異類，全權負起一個母親的責任。

怪鳥一天天長大了，後來人們發現那隻怪鳥竟是一隻鷹，人們擔心鷹再長大一些會吃雞。然而人們的擔心是多餘的，那隻一天天長大的鷹和雞相處得很和睦，只是當鷹出於本能在天空展翅飛翔再向地面俯衝時，雞群出於本能會產生恐慌和騷亂。

時間久了，村裡的人們對於這種鷹雞同處的狀況越來越看不慣，如果哪家丟了雞，便首先會懷疑那隻鷹，要知道鷹終歸是鷹，生來是要吃雞的。愈來愈不滿的人們一致強烈要求：要麼殺了那隻鷹，要麼將牠放生，讓牠永遠也別回來。因為和鷹相處的時間長了，有了感情，這一家人自然捨不得殺牠，他們決定將鷹放生，讓牠回歸大自然。

然而他們用了許多辦法都無法讓那隻鷹重返大自然，他們把鷹帶到很遠的地方放生，過不了幾天那隻鷹又飛回來了，他們驅趕牠不讓牠進家門，他們甚至將牠打得遍體鱗傷……許多辦法試過了都不奏效。

最後他們終於明白：原來鷹是眷戀牠從小長大的家園，捨不得那個溫暖舒適的窩。

後來村裡的一位老人說：「把鷹交給我吧！我會讓牠重返藍天，永遠不再回來。」老人將鷹帶到附近一個最陡峭的懸崖絕壁旁，然後將鷹狠狠向懸崖下的深澗扔去，像扔一塊石頭那樣。那隻鷹開始也如石頭般向下墜去，然而快要到澗底時牠終於展開雙翅托住了身體，開始緩緩滑翔，然後輕輕拍了拍翅膀，就飛向蔚藍的天空，牠越飛越自由舒展，越飛動作越漂亮，這才叫真正的翱翔，藍天才是牠真正的家園啊！牠越飛越高，越飛越遠，漸漸變成了一個小黑點，飛出了人們的視野，永遠地飛走了，再也沒有回來。

聽了父親的故事，年輕人痛下決心，辭去了公職外出闖天下，終於做出了一番事業。

「人生」的感悟

很多時候，我們總是對現有的東西不忍放棄，對舒適平穩的生活戀戀不捨。一個人要想讓自己的人生有所轉機，就必須懂得在關鍵時刻把自己帶到人生的懸崖。給自己一個懸崖，其實就是給自己一片蔚藍的天空。

9 留心生活細節，別讓生活留下遺憾

在一篇名為《漏掉的陽光》的文章中，作者張麗鈞講了這樣幾個故事。

一、被遺棄在角落裡的愛

在臨近高中畢業的時候，一個叫舒的女生，找到張麗鈞，送給她一個精美的本子，並說：「老師，雖說我只聽過您代的三節課和您弄的幾個講座，但我特別特別喜歡您——這個，送給您，留個紀念吧！」

一年後的一天，有個同事領著他的孩子來張麗鈞的辦公室玩，張麗鈞要送一件東西給那個乖巧的女孩，便從書架上抽出了舒送給他的本子。當她打開扉頁，打算寫幾句鼓勵的話語時，卻發現那本子的第一頁上有字！第二頁也有字！再往後翻，原來整個本子都寫滿了字！那些是張麗鈞在各種報刊發表的各類文章，舒居然一篇篇地抄了下來，還精心地配了插圖。

張麗鈞悔悟：一年來，那顆跳動在遠方大學校園裡的心，該幸福地冥想過多少遍這個本子帶給她的快樂啊，可她卻這麼粗疏，把一分深深的愛棄置在一個角落，冷落了整整一年。

二、被倒掉的生命

張麗鈞出差兩周後回到家，發現家裡一切都亂糟糟的，他顧不上旅途的辛勞，挽起袖子就整理起家務來。兩個鐘頭之後，家裡的一切都井井有條了。魚缸裡渾濁的水也換了。

兒子放學回到家，直奔魚缸而去，看著新換的清水，急問張麗鈞：「原來的水呢？」張麗鈞說：「倒水池了……」沒想到兒子聽後突然嚎啕大哭起來。

張麗鈞慌了說：「你哭什麼？七條魚，一條也不少。」兒子繼續號啕大哭著說：「有一條魚，生了五條小魚……很小很小的……你都給倒了！」

張麗鈞一下子傻了眼。在她出差之前，有一條熱帶魚的肚子明顯地鼓了起來，她跟兒子說：「這條魚快要做媽媽了呢！」哪知道，那剛剛誕生的小生命竟被自己粗心地戕害了。

三、被忽視的《人論》

在長春育人書店，張麗鈞發現了那麼多好書。他告誡自己不要過於貪心，千里帶書，這可是出門人最不易的事兒，因為實在太累人了。因此，挑書的時候他非常謹慎。

拖著一箱子書回到家，當晚她竟替自己幸福的書櫃興奮得徹夜難眠。

先生流覽那些新書的時候，突然問道：「你怎麼又買了一本凱西爾的《人論》？」

張麗鈞的心咚咚地跳起來：什麼叫又買了一本？難道說我以前買過？

先生不說話，卻準確無誤地從書櫥的某一層中抽出一本同樣的《人論》，用揶揄的語調問道：這是什麼？

張麗鈞這才想起，幾年前他出差，的確曾買了一本《人論》。

張麗鈞心虛得不敢看先生的眼睛，因為她從來沒有讀過這本書。

四、被丟棄的杜鵑花

春節期間，張麗鈞到樓下李姐家去串門。

李姐的家很清寒，最搶眼的當屬窗台上的一盆美豔的杜鵑花。

張麗鈞問李姐：那是真花還是假花？李姐說：是真花：「臘八」的時候就開始熱熱鬧鬧地開，一直開到現在。張麗鈞不禁嘖嘖稱讚著。李姐笑著說：「說來有意思，這盆杜鵑花是撿來的！秋天的時候，不知是誰把這盆花扔到了垃圾池裡，我看它還有活過來的希望，就把它抱了回來。」

張麗鈞驚訝地張大了嘴巴，卻說不出一句話——能說什麼呢？三個月前，她親手丟掉了這盆落光了葉子的杜鵑花，她哪裡料想得到，那些被她看成了柴棍的枯枝，竟還能夠孕育花苞！

「人生」的感悟

生活中，我們常常會忽略很多東西，或是因為生活的忙碌，或是因為自己的粗心大意，就在有意無意間遺漏了很多，有些我們可以挽回，而有些卻永遠無法挽回。所以，我們要留心生活中的每一個細節，不要讓生活留下太多的遺憾。

不為人所知的生活，才是真正的生活

同事們都很羨慕雪梅，因為她丈夫時常接她下班。這是人們所共知的事實。然而，人們所不知的事實是：她丈夫寧可在「堵車場」裡練車技，也不願意自己做一頓晚餐。她和超市裡的蔬菜、牛肉、大米一起被接了回去，以便按她丈夫的要求做出葷素搭配的三菜一湯。

朋友們參觀完雪梅的家後評價：真乾淨。這是他們所眼見的事實。然而，他們所不見的事實是：儲藏室裡堆滿了雜物箱，箱子裡有落著灰塵的舊報刊，有換了季沒來得及洗的髒衣服，有門鈴響起時還扔在地上的飲料瓶，儲藏室的門背後藏著剛剛用完還沒顧得上淘洗的拖把。

人們都看到了雪梅衣著光鮮、笑靨如花地出現於聚會上，她裙裾飄搖，柔聲細語，姿態從容。這是大家所共認的事實。然而，大家所不知的事實是：聚會前，她灰頭土臉趴在地上，手腳並用擦地板；在辦公室樓上樓下奔走，忙得四腳朝天；電話裡氣急敗壞同人論爭；聚會後，她衣服扔得滿地都是，躺倒在沙發上；冰箱裡空空，只能稀溜溜吃泡麵；喝完八杯咖啡，依然無法敲完一篇稿子急得到處跺腳。

再來看這樣一個故事。

一位人到中年、容顏漸老、經歷過滄桑歲月的妻子，面對青春逼人、才情出眾、執著無悔的丈夫的傾慕者，良久無語。最後，她沈默著取出紙筆，對女孩兒說：我們一起來寫寫那個我們都愛的人是什麼樣吧。

女孩兒不假思索地在紙上寫道：高大、英俊、體貼人、上進、有事業心……所有成功才俊的影像都在裡面了。

妻子卻讓歲月的印痕留在了紙上：有些膽小，害怕打雷；胃不好，不能吃過硬的東西；記性差，時常丟三落四；晚上睡覺會磨牙，打小呼嚕；生活不規律，吸煙、飲酒、早出晚歸；動手能力差，不會做飯、修理電器……。

接下去的還有：每天要人接送的孩子，年事已高身體不好的雙親，日復一日、年復一年的一日三餐，永遠清理不乾淨的地板，洗不完的髒衣服，做不完的家務，等等。

這些，是別人所不知的生活。這些，讓年輕女孩兒的如水柔情一點點變冷。

她在女孩的詫異裡沉靜似水：「是的，我們寫的都是他。只不過，你看到的遠遠不是他的全部，也不是你們未來生活的全部。」

「人生」的感悟

有些日子是給人看的，可是這樣的日子並不多，更多的則是那些不為人所知的日子。在生活中，那些為人所知道的生活，是用來觀看的；那些不為人所知的生活，才是我們真正的生活。

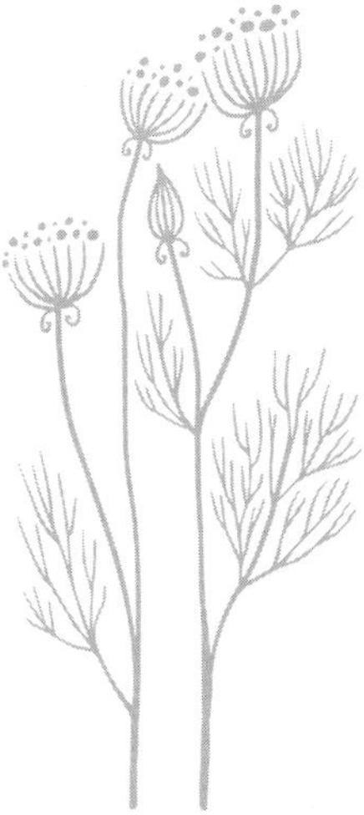

練習放手的勇氣

封面設計：立青

□

著者

鄭婉兒

□

出版

非凡出版

香港北角英皇道499號北角工業大廈一樓B

電話：（852）2137-2338　傳真：（852）2713-8202

電子郵件：info@chunghwabook.com.hk

網址：http://www.chunghwabook.com.hk

□

發行

香港聯合書刊物流有限公司

香港新界大浦汀麗路36號

中華商務印刷大廈3字樓

電話：（852）2150-2100　傳真：（852）2407-3062

電子郵件：info@suplogistics.com.hk

□

版次

2017年4月初版

2018年1月第二次印刷

□

規格

特32k（210mm*148mm）

□

ISBN　978-988-8463-49-7　　Printed in Taiwan

本書由悅讀名品出版有限公司授權中華書局（香港）有限公司

在香港及澳門地區發行